SOCIOLOGIA DA ADMINISTRAÇÃO
O CONFLITO MORAL DIANTE DOS GRANDES
DESAFIOS SOCIETAIS

Editora Appris Ltda.
1.ª Edição - Copyright© 2024 do autor
Direitos de Edição Reservados à Editora Appris Ltda.

Nenhuma parte desta obra poderá ser utilizada indevidamente, sem estar de acordo com a Lei nº 9.610/98. Se incorreções forem encontradas, serão de exclusiva responsabilidade de seus organizadores. Foi realizado o Depósito Legal na Fundação Biblioteca Nacional, de acordo com as Leis nos 10.994, de 14/12/2004, e 12.192, de 14/01/2010.

Catalogação na Fonte
Elaborado por: Josefina A. S. Guedes
Bibliotecária CRB 9/870

B622s
2024

Bispo, Marcelo de Souza
    Sociologia da administração: o conflito moral diante dos grandes desafios societais / Marcelo de Souza Bispo. – 1. ed. – Curitiba: Appris, 2024.
    75 p. : il. ; 21 cm. – (Coleção Ciências Sociais – Seção Administração).

    Inclui referências.
    ISBN 978-65-250-6435-2

    1. Administração. 2. Relações sociais. 3. Sociologia. 4. Neoliberalismo. I. Bispo, Marcelo de Souza. II. Título. III. Série.

CDD – 658

Livro de acordo com a normalização técnica da ABNT

Appris
editora

Editora e Livraria Appris Ltda.
Av. Manoel Ribas, 2265 – Mercês
Curitiba/PR – CEP: 80810-002
Tel. (41) 3156 - 4731
www.editoraappris.com.br

Printed in Brazil
Impresso no Brasil

Marcelo de Souza Bispo

SOCIOLOGIA DA ADMINISTRAÇÃO
O CONFLITO MORAL DIANTE DOS GRANDES DESAFIOS SOCIETAIS

Appris editora

Curitiba, PR
2024

FICHA TÉCNICA

EDITORIAL	Augusto Coelho
	Sara C. de Andrade Coelho

COMITÊ EDITORIAL

- Ana El Achkar (Universo/RJ)
- Andréa Barbosa Gouveia (UFPR)
- Antonio Evangelista de Souza Netto (PUC-SP)
- Belinda Cunha (UFPB)
- Délton Winter de Carvalho (FMP)
- Edson da Silva (UFVJM)
- Eliete Correia dos Santos (UEPB)
- Erineu Foerste (Ufes)
- Fabiano Santos (UERJ-IESP)
- Francinete Fernandes de Sousa (UEPB)
- Francisco Carlos Duarte (PUCPR)
- Francisco de Assis (Fiam-Faam-SP-Brasil)
- Gláucia Figueiredo (UNIPAMPA/ UDELAR)
- Jacques de Lima Ferreira (UNOESC)
- Jean Carlos Gonçalves (UFPR)
- José Wálter Nunes (UnB)
- Junia de Vilhena (PUC-RIO)
- Lucas Mesquita (UNILA)
- Márcia Gonçalves (Unitau)
- Maria Aparecida Barbosa (USP)
- Maria Margarida de Andrade (Umack)
- Marilda A. Behrens (PUCPR)
- Marília Andrade Torales Campos (UFPR)
- Marli Caetano
- Patrícia L. Torres (PUCPR)
- Paula Costa Mosca Macedo (UNIFESP)
- Ramon Blanco (UNILA)
- Roberta Ecleide Kelly (NEPE)
- Roque Ismael da Costa Güllich (UFFS)
- Sergio Gomes (UFRJ)
- Tiago Gagliano Pinto Alberto (PUCPR)
- Toni Reis (UP)
- Valdomiro de Oliveira (UFPR)

SUPERVISORA EDITORIAL	Renata C. Lopes
PRODUÇÃO EDITORIAL	Sabrina Costa
REVISÃO	Rafaela Mustefaga Negosek
DIAGRAMAÇÃO	Ana Beatriz Fonseca
CAPA	Eneo Lage
REVISÃO DE PROVA	Bruna Santos

COMITÊ CIENTÍFICO DA COLEÇÃO CIÊNCIAS SOCIAIS

DIREÇÃO CIENTÍFICA	Fabiano Santos (UERJ-IESP)

CONSULTORES

- Alícia Ferreira Gonçalves (UFPB)
- Artur Perrusi (UFPB)
- Carlos Xavier de Azevedo Netto (UFPB)
- Charles Pessanha (UFRJ)
- Flávio Munhoz Sofiati (UFG)
- Elisandro Pires Frigo (UFPR-Palotina)
- Gabriel Augusto Miranda Setti (UnB)
- Helcimara de Souza Telles (UFMG)
- Iraneide Soares da Silva (UFC-UFPI)
- João Feres Junior (Uerj)
- Jordão Horta Nunes (UFG)
- José Henrique Artigas de Godoy (UFPB)
- Josilene Pinheiro Mariz (UFCG)
- Leticia Andrade (UEMS)
- Luiz Gonzaga Teixeira (USP)
- Marcelo Almeida Peloggio (UFC)
- Maurício Novaes Souza (IF Sudeste-MG)
- Michelle Sato Frigo (UFPR-Palotina)
- Revalino Freitas (UFG)
- Simone Wolff (UEL)

*À minha filha, Letícia, e à minha companheira, Luana,
que são meu porto seguro e fonte de amor.*

AGRADECIMENTOS

Agradeço ao meu pai, Rinaldo Bispo, e à minha mãe, Leonice Bispo, que possibilitaram que eu pudesse encontrar na educação a fonte de inspiração para uma vida com sentido.

À professora Simone Magalhães Brito pelas contribuições sobre Sociologia Moral para a escrita deste livro.

À professora Ana Edite Ribeiro Montoia pelos ensinamentos e conversas sobre pensamento liberal e aos professores Rogério de Souza Medeiros e Terence Mulhall pelos comentários e provocações na primeira versão do manuscrito que deram origem a este livro.

Aos colegas Ariston Azevedo, Maurício Serva, Ana Paula Paes de Paula e José Henrique de Faria pelas várias conversas provocativas que serviram de inspiração para escrever sobre Administração por uma perspectiva sociológica.

À Silvia Gherardi e ao Ted Schatzki por terem me ensinado sobre teorias das práticas sociais e me oportunizarem o privilégio de suas amizades.

Aos membros do Grupo de Pesquisa sobre Práticas Sociais em Educação e Organizações (PEO/UFPB/CNPq) por todo apoio e incentivo.

À Universidade Federal da Paraíba (UFPB), ao Departamento de Administração e aos Programas de Pós-Graduação em Administração e em Sociologia por serem espaços que me oportunizam realizar meu trabalho com alegria e liberdade intelectual.

Ao Conselho Nacional de Desenvolvimento Científico e Tecnológico (CNPq) que financiou projetos de pesquisa que contribuíram para a produção do conhecimento necessário para escrita deste livro.

[P]arece haver algo errado com uma ordem social que se fundamenta sobre uma ética que, ao mesmo tempo, é escondida e universalizada enquanto "neutra". E parece ter algo errado com práticas que não percebemos como práticas e que são constituídas de tal maneira que o fato de sua artificialidade (de seu "ser constituídas") é escondido, como no caso das forças econômicas que impelem nossas vidas no capitalismo.

(Rahel Jaeggi)

APRESENTAÇÃO

Este livro é resultado de anos de estudo que envolveram vários projetos de pesquisa financiados pelo Conselho Nacional de Desenvolvimento Científico e Tecnológico (CNPq) e orientações de trabalhos de mestrado e doutorado na Universidade Federal da Paraíba (UFPB) sobre como a Administração pode colaborar com os grandes desafios societais. Entretanto, apesar do crescimento do número de pessoas e organizações que tomaram consciência da necessidade de maior atenção para questões como as mudanças climáticas, desigualdades diversas e pobreza, o *modus operandi* da Administração não foi concebido para dar conta desses desafios. Nesse sentido, criou-se um hiato entre discurso e prática. Assim, ainda que haja algum consenso sobre os problemas, ainda há muita discussão sobre como enfrentá-los e qual o papel da Administração nesse contexto. Daí surge a necessidade de construir um conhecimento capaz de mostrar os constituintes do hiato entre discurso e prática, e o caminho que escolhi para tal missão foi combinando os meus conhecimentos de Administração e Sociologia.

Esta obra é uma iniciativa de apresentar uma Sociologia da Administração. Portanto, é um exercício de revisitar as bases teóricas da Administração de modo a desnaturalizar ideias e conceitos que caracterizam o pensamento dominante nas formas de ensinar, pensar e fazer Administração. Assim, as noções de neutralidade, técnica e racionalidade são problematizadas, buscando mostrar que a Administração é uma prática social orientada por uma moralidade determinante do que é considerado neutro, técnico, racional e eficiente. Sob influência do pensamento liberal, especialmente do neoliberalismo e do capitalismo, surge a noção de gerencialismo, que virou sinônimo de Administração e que carrega consigo a moral vigente da Administração, mas com um argumento de base de não ser ideológica e criticando outras formas de pensar Administração como ideológicas e problemáticas. O debate central do livro está em colocar sob escrutínio como é possível um mundo sustentável, ético e responsável em um contexto no qual a maximização dos lucros termina sendo o principal objetivo das organizações, mesmo diante de um cenário no qual os recursos são limitados e a acumulação deles representa que o ganho de alguns está alicerçado na perda de outros. Portanto, a lógica da acumulação infinita utilizando a Administração como meio para tal objetivo, mesmo diante de recursos limitados, evidencia que, apesar do discurso simpático das organizações para as grandes questões societais, elas são inviáveis diante de uma moralidade da Administração orientada para a eficiência como sinônimo de maximização dos lucros. Nesse sentido, é preciso que os lucros estejam subordinados a outra moralidade, em que valores que orientam a superação dos grandes desafios societais assumam protagonismo nas formas de fazer Administração. É por meio do entendimento de que a Administração é uma prática social que é possível mudar a moralidade vigente por outra que realmente contribua para que o discurso de uma Administração responsável se torne realidade. Sendo assim, este não é um livro contra a Administração, nem mesmo contra a lucratividade, mas uma proposta de pensar os problemas societais por meio de outra Administração, que seja capaz de não apenas ser consciente dos problemas, mas também apta a colaborar efetivamente com a resolução deles. A obra é um convite para quem se preocupa com os grandes desafios societais e gostaria de ver o enfrentamento deles por uma nova lógica.

PREFÁCIO

Com a elaboração deste livro, Marcelo de Souza Bispo nos convida a examinar uma nova abordagem inserida no vasto espaço ocupado pela discussão científica dos temas e questões relacionados à Administração. Nesse espaço, há mais de um século, diversas abordagens com perspectivas analíticas amplas vêm promovendo o enriquecimento do conhecimento, como a teoria geral da Administração, a teoria das organizações, a Sociologia das organizações, a Antropologia das organizações, os estudos organizacionais, entre outras. Na linhagem dessas perspectivas, e tomando como pontos de partida as teorias da prática social, os estudos baseados em prática, e, principalmente, a Sociologia da moral, Marcelo Bispo dá os primeiros passos de sua proposta, apresentada como uma Sociologia da Administração.

O autor qualifica a proposta como um exercício de revisão crítica das bases teóricas da Administração "eficiente", isto é, predominantemente orientada para a maximização de resultados financeiros, a qual enseja, entre outros graves problemas, a dissonância entre o discurso e a prática. Tal dissonância revela um sério impasse, um conflito fundamental de ideias na atualidade, ao endossar a crença da possibilidade de harmonização entre a maximização do lucro e o atendimento das grandes demandas societais, estas últimas em conformidade com os Objetivos de Desenvolvimento Sustentável (ODS) da Organização das Nações Unidas (ONU). A Administração eficiente o autor contrapõe à Administração responsável, centrada nas dimensões da sustentabilidade, da ética, e da responsabilidade diante da magnitude dos desafios globais gerados conjuntamente pela crise ambiental e pelas desigualdades sociais. Nesse contexto, Marcelo Bispo defende que a construção da Administração responsável deve necessariamente ser ancorada em um claro debate sobre a moralidade subjacente à Administração. Ao fazê-lo, a Sociologia da moral se revela como base teórica primordial, conduzindo a uma

Sociologia da Administração apresentada como uma abordagem mais adequada aos desafios de nosso tempo.

Grande parte do livro versa sobre a questão da moralidade na Administração. O autor reconhece que as teorias da prática social pouco exploram as bases morais que orientam o fazer coletivo. Por conseguinte, visando preencher tal lacuna, um esforço considerável é empreendido para abordar a dimensão moral da Administração concebida como prática social, tanto para desvelar a moralidade intrínseca à Administração eficiente quanto para tornarem claras as bases morais da Administração responsável. Nesse esforço, a discussão sobre a Administração eficiente avança sobre temas como capitalismo, individualismo, liberalismo, neoliberalismo, racionalidade técnica, gerencialismo e neutralidade axiológica, correlacionando-os às noções de maximização do lucro, produtividade e eficiência, tão caras ao conjunto de práticas sociais denominado pelo autor Administração eficiente. Enquanto o tratamento da Administração responsável enseja a discussão sobre temas como valores, julgamento, fatos e normas morais, ação, todos considerados com relação aos graves problemas atuais e seus desdobramentos. Nesse sentido, Marcelo Bispo ressalta que, ao propor uma Sociologia da Administração, tenta ampliar a reflexão sobre a condição da Administração para fazer face aos desafios societais globais.

Nos termos iniciais em que é apresentada, a proposta é, sem dúvida, promissora. Ela se soma aos esforços plurais e direcionados para o que se denomina, em geral, como transformação social. Considerando que a iniciativa do autor parte do campo científico, consequentemente a sua concretização e consolidação exigirão o desdobramento de ações próprias dessa área de atividade intelectual e de configuração institucional específica.

A dimensão intelectual diz respeito ao desenvolvimento da solidez de uma abordagem científica; dada a natureza da ciência, trata-se de um processo de longo prazo. Uma Sociologia da Administração que tem como bases ontoepistemológicas e teóricas as teorias da prática social e a Sociologia da moral requer necessariamente o aprofundamento nessas áreas do conhecimento, visando ao seu exame crítico e às possibilidades de aplicação e transferência adequadas dos seus preceitos, conceitos e métodos analíticos à área da Administração. Em seu texto, o autor já sinaliza o início de uma discussão crítica e construtiva com as teorias da prática social, ao indicar uma lacuna gerada pelo reduzido tratamento das bases morais da ação coletiva; considero essa indicação como um bom início e, por conseguinte, prevejo a sua continuidade. Concernente à Sociologia da moral, o próprio autor reconhece que ela se encontra ainda na etapa de construção, tratando-se, portanto, de uma abordagem relativamente nova, ainda em maturação. Assumi-la como base para o lançamento de uma abordagem na Administração exige o acompanhamento do seu desenvolvimento, do seu provável desdobramento em diferentes correntes e, como no caso das teorias da prática social, a verificação atenta e cuidadosa das possibilidades da sua aplicação à área da Administração.

A dimensão institucional, por sua vez, impõe esforços inerentes às ações necessárias para que uma nova abordagem se consolide, tendo em vista a configuração social do campo em questão. Há quase um século, a Sociologia da ciência vem discutindo as condições sociais da produção, divulgação e aceitação da ciência, notadamente os aspectos referentes ao poder, à competição, aos paradigmas, às disputas e alianças que caracterizam o espaço socioprofissional dos cientistas na sociedade moderna. Nessa ambiência, cada vez mais marcada pela competição, a consolidação de uma nova abordagem teórica requer dos seus criadores ações contínuas, sistemáticas e vigorosas para estabelecer alianças com indivíduos, grupos e organizações, visando à sofisticação qualitativa (reprodução ampliada e aperfeiçoada por outros cientistas), divulgação, expansão, enfim, aceitação da nova proposta por uma parte significativa dos demais atores do campo concernente.

Por fim, indico outra dimensão – não menos importante – dos esforços para a consolidação da iniciativa aqui comentada. Uma Sociologia da Administração que pretende visualizar a condição de a Administração fazer frente aos grandes desafios societais precisa também demonstrar, na prática, tal condição. O que não significa lançar mais uma abordagem prescritiva, e sim evidenciar em termos práticos o que mulheres, homens, grupos e organizações, mediante suas ações coletivas, já fazem em prol da transformação social. Um conhecimento produzido na área da Administração, que em sua origem tem como motivação o enfrentamento dos desafios societais de nosso tempo, gera expectativas não somente entre os cientistas, mas igualmente entre os atores engajados na ação coletiva pela transformação social que se dá externamente às organizações da ciência. Assim, tal conhecimento também pode servir à reflexão, autocrítica e aperfeiçoamento das práticas desenvolvidas por esses atores. Quero dizer que o compromisso com a ação em curso, com as práticas como movimento real no mundo, faz parte da expectativa gerada pela abordagem ora proposta. Nesse sentido, em princípio, as teorias da prática social como base de uma Sociologia da Administração poderiam indicar os caminhos efetivos para uma simbiose rica e esperada entre teoria e prática. Se isso ainda não for plenamente possível, caberá ao autor e aos seus futuros aliados continuar o diálogo crítico-construtivo com suas bases teóricas para fazer evoluir a nova abordagem.

Como disse, os primeiros passos da nova abordagem estão dados, são muito promissores, e a consolidação implica trilhar um longo caminho. Creio firmemente que Marcelo Bispo reúne a competência e as demais condições para levar adiante com êxito a Sociologia da Administração que nos propõe. E por essa razão, recebo com entusiasmo a sua iniciativa.

Maurício Serva

Professor do Departamento de Ciências da Administração da Universidade Federal de Santa Catarina e Coordenador do Núcleo de Pesquisa em Organizações, Racionalidade e Desenvolvimento.

SUMÁRIO

A ADMINISTRAÇÃO CONTEMPORÂNEA
E OS GRANDES DESAFIOS SOCIETAIS 19

A ADMINISTRAÇÃO COMO PRÁTICA SOCIAL 29

A SOCIOLOGIA (DA) MORAL E A MORAL
DA ADMINISTRAÇÃO 45

A MORAL CANÔNICA DA ADMINISTRAÇÃO
COMO PRÁTICA SOCIAL 57

CAMINHOS PARA A ADMINISTRAÇÃO RESPONSÁVEL 63

REFERÊNCIAS 67

A ADMINISTRAÇÃO CONTEMPORÂNEA E OS GRANDES DESAFIOS SOCIETAIS

A minha motivação para a construção deste livro começou quando eu percebi uma dissonância entre a prática do discurso e o discurso na prática no campo da Administração. Mais especificamente, a minha curiosidade e o meu incômodo estão relacionados a como é possível combinar algumas ideias que parecem ser conflitantes. Entre essas ideias está, por exemplo, a crença de que é possível a maximização do lucro em harmonia com as grandes demandas societais, a exemplo daquelas descritas nos Objetivos de Desenvolvimento Sustentável (ODS) da ONU. A pergunta que surge diante dessa suposta harmonia é: como maximizar lucros em contextos de recursos limitados? Como atender as demandas societais sem renunciar ao crescimento na lucratividade?

A noção de maximização do lucro em contexto de recursos limitados implica tomar ciência de que os recursos disponíveis são distribuídos de maneira desigual entre os demandantes dos recursos e que para alguém ganhar alguém precisa perder. Mais adiante eu apresento um exemplo para evidenciar o meu argumento.

Apesar dos discursos empresariais simpáticos aos grandes desafios societais e um entendimento de que eles são problemas gerenciais (George *et al.*, 2016; Dorado *et al.*, 2022), é difícil visualizar que há uma possibilidade de harmonia entre a noção de maximização de lucros e as novas demandas societais do século XXI, uma vez que tais demandas implicam ações que diminuem a lucratividade, o que nos convida a pensar uma mudança da Administração eficiente (que explorarei adiante) para uma Administração responsável. *Administração responsável* é um termo guarda-chuva que envolve as noções de ética, sustentabilidade e responsabilidade social (Laasch *et al.*, 2020b). Ainda que a Administração responsável tenha como discurso uma aceitação empresarial, a prática responsável parece estar limitada ao não comprometimento das ideias que são pilares do pensamento administrativo científico-clássico, desde sua origem, e orienta a Administração como prática (como ela é realmente realizada). Dessa maneira, a Administração responsável deve estar a reboque dos fundamentos da Administração científico-clássica.

Uma dessas ideias centrais do campo da Administração científico-clássica é a de "eficiência" (Alexander, 2008; Cummings *et al.*, 2017) está tradicionalmente orientada para a otimização de recursos em geral e para a maximização de resultados financeiros (Rasche; Gilbert, 2015). Tal entendimento pode ser representado com a frase que se tornou senso comum: "fazer mais com menos".

A resposta do campo da Administração para as novas demandas societais parece estar ancorada em uma premissa de que é possível harmonizar maximização de resultados financeiros com a Administração responsável, de modo que essas novas demandas societais poderiam ser consideradas elementos estratégicos para a própria eficiência (Benjamin; Biswas, 2022; Bouslah *et al.*, 2022). Klikauer (2015) afirma que os elementos centrais da noção clássica de sustentabilidade conhecidos como *triple bottom line* (*Environmental, Economic, and Social*), na verdade, devem ser entendidos como *People, Planet, and Profit* (pessoas, planeta e lucro). Portanto, a noção de lucro se apresenta sempre como uma prioridade.

Essa pretensa harmonização entre a noção de eficiência como sinônimo de maximização de lucros e de responsabilidade tem como pano de fundo o entendimento de que o mercado é o principal elemento de ordenamento social (Polanyi, 1980; Callon, 1998; Ganem, 2012), de modo que princípios econômicos orientados para a produtividade, assim como os morais de justiça e responsabilidade social (Fourcade; Healy, 2007) seriam plenamente contemplados por meio da própria dinâmica de mercado. Sob esse entendimento, as novas demandas sociais estão subordinadas à ideia de eficiência, de modo que qualquer ação envolvendo Administração responsável deve ser empregada desde que não comprometa a maximização de resultados financeiros (Bispo, 2022a). Esse contexto revela uma perspectiva individualista para pensar o bem comum. Essa perspectiva individualista está ancorada no egoísmo liberal, em que o bem comum seria o resultado da perseguição dos indivíduos pelos seus interesses próprios em um modelo de competição. Assim, o bem comum é atingido pela soma dos interesses individuais de modo que a competição entre os indivíduos ajuda a melhorar a vida em sociedade.

Cabe esclarecer que não se trata de dicotomizar a situação entre lucro ou prejuízo, assim como entre responsável ou irresponsável, mas perceber que uma orientação para maximização de resultados financeiros como fim em si mesmo não dá espaço para outros valores em um contexto de recursos limitados. A lógica da acumulação está justificada pela busca de atendimentos individuais que somados levariam a uma melhora da vida coletiva em sociedade. É sempre oportuno lembrar que o modelo individualista de competição social não ocorre com paridade de condições entre as pessoas, o que coloca em xeque a ideia de que basta cada um "correr atrás do seu" para que a sociedade seja mais justa e oportunize o bem comum.

Apenas para exemplificar, vamos imaginar alguém que tem um negócio lucrativo, mas entende que precisa aumentar (maximizar) os resultados financeiros. Como isso poderia ser feito? Ampliar a participação no mercado seria uma alternativa. Contudo, nem sempre é simples ampliar participação de mercado, seja porque há muita concorrência, seja porque não há demanda suficiente. Nesses casos, como seria possível maximizar os resultados financeiros? A resposta está em redução de custos. Uma forma de reduzir custos é reduzir desperdícios. Mas e se não há desperdícios significantes na operação da empresa? As soluções restantes são diminuir quadro de funcionários, buscando fazer "mais com menos", ou demitir funcionários e contratar outros com salários menores se estes já não forem o piso (salário mínimo). Outra possibilidade seria negociar preço com fornecedores (ou seja, diminuir a margem deles), ou trocar a qualidade da matéria-prima por outra de preço inferior (provavelmente de qualidade inferior também), ou ainda nos casos em que é possível reduzir o tamanho/quantidade do produto mantendo o preço.

Todas essas soluções evidenciam que para maximizar resultado financeiro é preciso que alguém diminua seus ganhos ou tenha prejuízos. Os bancos no Brasil são um bom exemplo de como a maximização dos resultados financeiros representa taxas de juros e custos de serviços maiores para os clientes. Em 2022, dos cinco maiores bancos do Brasil apenas um (Caixa Econômica Federal) não conseguiu pagar seus custos operacionais apenas com a arrecadação de tarifas bancárias, custeando por volta de 90% das operações (Dieese, 2023). Isso significa que os juros cobrados nos empréstimos, que são a principal receita desses bancos, viram lucro para essas empresas e que tanto as tarifas quanto os juros bancários cobrados poderiam ser menores. Não podemos esquecer que o nível de endividamento da população brasileira é alto (CNC, 2024). Assumir a maximização de resultados financeiros como prioridade número um pode levar, em última instância, à má conduta nos negócios e a problemas éticos.

Diante desse contexto, no campo da educação em Administração (Blasco, 2012) há um constante debate sobre questões relacionadas à Administração responsável (Nonet; Kassel; Meijs, 2016; Laasch *et al.*, 2020a). Inclusive, a Organização das Nações Unidas (ONU) criou um programa internacional chamado de Princípios para a Educação da Administração Responsável das Nações Unidas (PRME), que apresenta um currículo para ser trabalhado junto as escolas de negócio e em eventos acadêmicos sobre o tema (Forray; Leigh, 2010). Entretanto, como nos lembra Laasch *et al.* (2020b, p. 3), "a atenção para esse campo acadêmico [Administração responsável] é claramente sobre educação para Administração responsável e não sobre Administração responsável em si."

Tal ponderação problematiza que não adianta haver espaços nos currículos dos cursos de Administração para debater Administração responsável sem a devida equivalência nas formas de pensar e fazer a Administração de maneira geral. Blasco (2012) defende que os estudantes de Administração carregam um currículo oculto, no qual as ideias acerca da Administração responsável não são bem-sucedidas apenas com esse tema no currículo oficial dos cursos de Administração.

Goshal (2005) critica que, em geral, o campo da Administração está alicerçado em teorias "amorais", as quais não oferecem aos estudantes qualquer senso de responsabilidade moral. Diferentemente de Goshal (2005), entendo que o que ele chama de teorias "amorais" carregam consigo uma moralidade que termina sendo percebida no senso comum dentro e fora do campo da Administração como oculta e não como "amoral". Essa percepção está justamente no disfarce dessa moralidade oculta sob os rótulos de "neutralidade" e de "técnica". Trata-se da necessidade de uma reflexão do fazer Administração, no qual revisitar as premissas e os valores que constroem o campo são fundamentais para o estranhamento dele, de modo a tornar mais evidente sob qual moral ele está alicerçado. Aqui, a moralidade não está relacionada à lei divina ou natural que expressa comportamentos-padrão *a priori* (um modelo teórico-jurídico) com foco em como as coisas deveriam ser, mas é algo processual emergente, situado e enredado na vida social com foco em como ela acontece e não como deveria acontecer (Walker, 2002, 2007).

A necessidade de uma reflexão das bases que constroem a moral no campo da Administração fica mais evidente quando percebemos que a promessa de equilíbrio entre a noção de eficiência com as novas demandas sociais fica restrita à curricularização dos cursos de Administração (Laasch *et al.*, 2020b; Bispo, 2022a). Ainda que os Princípios para a Educação da Administração Responsável das Nações Unidas tenham sido uma tentativa de resposta para o problema, a Administração responsável ainda não parece ser algo consolidado nas práticas concretas de gestão, especialmente porque o desenvolvimento de uma consciência ética nos alunos não é garantia automática de assumir a responsabilidade nas suas ações (Hibbert; Cunliffe, 2015).

A evidência da predominância da maximização dos lucros sobre a Administração responsável é percebida por meio da existência de um conjunto de escândalos corporativos ainda comuns atualmente (Surdu, 2022). Vou apresentar sucintamente alguns desses escândalos com o objetivo de ilustrar como empresas que se dizem responsáveis colocam a maximização de resultados financeiros à frente da Administração responsável.

1. A crise financeira global de 2008 (Freitas, 2020) foi oriunda da criação de uma bolha imobiliária que inflou os preços dos imóveis nos Estados Unidos e fez com que pessoas sem recursos financeiros suficientes aumentassem suas dívidas com refinanciamento de seus imóveis, acreditando em uma suposta valorização deles. Isso gerou um endividamento de várias famílias americanas e a quebra do banco Lehman Brothers, dando origem a uma crise bancária global.

2. O escândalo da Volkswagen em 2015 (Angelo, 2020), que ficou conhecido como "Dieselgate", teve a ver com a falsificação de resultados de emissões de poluentes em motores a diesel. A empresa utilizou um *software* para burlar inspeções em aproximadamente 11 milhões de veículos no mundo.

3. A empresa Tesla está envolvida em um conjunto de escândalos, o mais conhecido são os acidentes envolvendo os automóveis elétricos e autônomos da empresa por falha no sistema de piloto automático (Pancini, 2021).

4. No Brasil, a empresa Vale foi responsável pelo rompimento da barragem do fundão na cidade de Brumadinho (MG) em 2019, que provocou 259 mortes e 11 desaparecidos, a destruição da cidade e a poluição de rios. Um ano após a tragédia, a Vale recuperou o valor de mercado e voltou a ter lucro (Melo; Gerbelli, 2020).

5. Em janeiro de 2023, uma das maiores empresas de varejo do Brasil, a Americanas, anunciou que encontrou no seu balanço uma diferença contábil de aproximadamente 20 bilhões de reais e outras dívidas que somam aproximadamente outros 20 bilhões de reais. A empresa está em processo de recuperação judicial (Trevzan, 2024). É curioso como uma empresa com ações listadas na bolsa de valores e com auditoria contábil financeira feita por consultoria renomada apresenta tal tipo de problema e os principais

sócios da empresa, que também estão na lista das cinco pessoas mais ricas do Brasil, dizem não ter conhecimento da fraude.

6. Por fim, outra empresa que ficou conhecida no Brasil, a 123 Milhas, que trabalha com pacotes de viagens e emissão de bilhetes aéreos utilizando milhas de terceiros com preços bem abaixo dos praticados no mercado, anunciou em agosto de 2023 que não conseguiria honrar a emissão de bilhetes aéreos com datas de voos flexíveis e pediu recuperação judicial (Bolzani; Martins, 2023). O que é interessante nesse caso, é que a venda de milhas para terceiros não é autorizada pelas companhias aéreas, mas o negócio funcionou anos dessa maneira com conhecimento público e as providências judiciais só começaram a serem tomadas após a comunicação do problema na emissão de passagens pela empresa. São milhares de pessoas prejudicadas que não conseguiram fazer as suas viagens, nem tiveram o reembolso do dinheiro.

Muitos desses escândalos evidenciam uma moralidade que não é compatível com a Administração responsável, evidenciando um hiato entre o que se fala e o que se faz (Rasche; Gilbert, 2015). Por essa razão, Rhodes e Fleming (2020) defendem que a noção de responsabilidade social corporativa deve ser abandonada, uma vez que ela termina sempre subordinada às bases do capitalismo e do pensamento neoliberal que orientam a noção de eficiência como base moral da Administração.

O meu objetivo neste livro é compreender quais as bases morais da Administração como prática social. Portanto, não pretendo levar a cabo uma discussão ontoepistemológica sobre Administração responsável, mas fazer uma Sociologia da Administração. Guerreiro Ramos (1983, p. 3) conceitua a Sociologia da Administração como:

> [...] a parte da Sociologia geral que estuda a realidade social da Administração, suas expressões exteriormente observáveis como fato, sistema e ação, sua

tipologia qualitativa historicamente condicionada, seus elementos componentes (aestruturais, estruturais, estruturantes).

Apesar de entender que a definição de Guerreiro Ramos situa bem a Administração como fenômeno sociológico, eu assumo ser pertinente pensar uma Sociologia da Administração partindo de uma episteme de prática social (Schatzki, 2001; Gherardi, 2019).

A construção dessa Sociologia da Administração será em articulação com a Sociologia da moral (Weiss, 2015). Dessa maneira, a minha atenção está na base moral que orienta o pensamento, o discurso e o fazer administrativo, ou seja, a moral da Administração como prática social que estrutura e é estruturada por outras esferas da vida social. Há espaço para uma reflexão mais ampla dessa relação, especialmente sob quais valores e qual moralidade a prática da Administração está ancorada concretamente (Abend, 2014). A estruturação moral da Administração é um tema que praticamente não faz parte das agendas de pesquisa nessa área. Meu foco nesta discussão está em um problema sociológico da Administração como prática social (Schatzki, 2001; Gherardi, 2019), e não nos indivíduos que compõem esse campo, de modo que estou interessado não no administrador, e sim na Administração. Isso me obriga a dizer que há estudos no campo da Administração sobre valores e moral nos níveis individual e organizacional (Los Reyes, 2022; Demasi; Voegtlin, 2022; Eissa; Lester, 2022) sob um olhar psicológico com relação à Administração, mas não da Administração em si como objeto de análise.

Acredito que uma boa pista para compreender as bases morais da Administração como prática social está, em boa medida, nas ideias construídas ao longo do surgimento e consolidação do pensamento liberal (Tratenberg, 2006), por exemplo, de propriedade privada, neutralidade axiológica weberiana, racionalidade e mercado como principal meio de consolidação da liberdade individual (Dardot; Laval, 2016; Dennen, 2020; Merquior, 2014), assim como do capitalismo (Tratenberg, 2006).

A tese que eu defendo aqui é que a falta de escrutínio dessa base moral é a responsável pelos conflitos e tensões sobre como a Administração pode contribuir de maneira concreta com os grandes desafios societais que envolvem, por exemplo, mudanças climáticas, desigualdades diversas, pobreza, fome, guerras, entre outros. Tais tensões e conflitos podem ser resumidos no dilema que emerge quando organizações buscam levar a cabo tais ideias e valores presentes nos grandes desafios societais, uma vez que eles são tratados no campo da Administração no sentido de buscar conciliá-los com a noção de eficiência administrativa, que está subordinada à ideia de maximização dos lucros. Aqui está a origem da minha reflexão e problema a ser enfrentado.

Por outro lado, eu preciso me posicionar dizendo que não estou fazendo uma defesa contra a lucratividade das organizações. Defender o fim do lucro tornaria o debate mais complexo do que ele já é, uma vez que não é possível sustentar qualquer organização privada sem lucro, ou mesmo organizações sem fins lucrativos com despesas maiores que as receitas, dentro de um contexto econômico no qual as trocas são monetizadas. Contudo, pensar o lucro sempre como máximo traz consigo uma consequência de que o ganho de um significa a perda do outro. Isso levado como uma meta significa que maximizar lucros assume uma posição valorativa que inviabiliza outras, mesmo que possamos ter simpatia por elas. Trocar a noção de maximização de lucros por lucro possível de modo que o lucro seja uma consequência (e não a principal meta) de uma nova base moral da Administração e da própria sociedade de mercado é que se apresenta como desafio central dos argumentos que busco construir a seguir.

Uma evidência sobre a necessidade de revisitar as bases morais da Administração como projeto científico e prático é o número especial publicado pelo *Journal of Business Ethics*, sob a coordenação dos professores Masoud Shadnam, Andrey Bykov e Ajnesh Prasad em 2021, que apresenta um debate de como o campo emergente da Sociologia da moral poderia dialogar com o campo da ética em negócios. Trata-se de refinar o entendimento de como o conhecimento administrativo pode ser capaz de atender as demandas globais, sendo mais efetivo na Administração responsável como prática social.

Como meio de levar a cabo o objetivo proposto, apresento no primeiro capítulo as teorias da prática social e a noção de prática social com o intuito de subsidiar toda a discussão presente no trabalho do ponto de vista ontoepistemológico. Na sequência, faço um breve resgate das origens do pensamento e da prática administrativa que buscaram elevar a Administração ao postulado de ciência, trazendo as ideias centrais de Frederick Winslow Taylor, Henri Fayol e Elton Mayo. Após, apresento como a Administração pode ser pensada pela lógica da prática social e problematizo a visão dominante no campo da Administração de que ela é técnica, racional e neutra. Essa problematização inicia com um regaste das influências das ideias de Max Weber na Administração, especialmente sobre o conceito de neutralidade axiológica que se soma com algumas ideias do pensamento liberal e do capitalismo, as quais deram origem ao gerencialismo, uma ideologia derivada da Administração. Na sequência apresento uma reflexão que busca evidenciar as aproximações e distanciamentos entre as noções de neoliberalismo, capitalismo e gerencialismo, abrindo espaço para como uma discussão moral se encaixa nesse contexto. No segundo capítulo, faço uma problematização da necessidade de se pensar as bases morais da Administração para avançar na importância da Sociologia da moral no presente debate, além de apresentar brevemente alguns conceitos-chave para facilitar o entendimento da Sociologia da Moral com a Administração e a Sociologia da Administração. No terceiro capítulo, apresento reflexões sobre o que eu chamei de "moral canônica da Administração", em que busco evidenciar como a noção de eficiência constitui a base moral da Administração, levantando as consequências e as possibilidades com base nesse entendimento de como podemos pensar uma Administração responsável. Finalizo o livro com algumas considerações sobre as contribuições das ideias apresentadas e defendidas, assim como compartilho a minha visão de como entendo que a Administração pode ser útil para o enfrentamento dos grandes problemas societais globais.

A ADMINISTRAÇÃO COMO PRÁTICA SOCIAL

A noção de prática social é antiga na literatura, especialmente nas áreas de Filosofia e Sociologia. É importante dizer que a perspectiva que eu adoto de prática social é ancorada no movimento conhecido como "retorno à prática" (Schatzki, 2001). Trata-se de um movimento contemporâneo inspirado especialmente, mas não exclusivamente, em algumas ideias do primeiro Heidegger e do último Wittgenstein no que diz respeito ao comportamento rotineiro e pré-reflexivo (Hora, 2020): Bourdieu com as noções de campo e *habitus*, Giddens com a teoria da estruturação, e Garfinkel com as noções de realização, membro, indexicalidade, reflexividade e relatabilidade (Bispo, 2013). Os autores mais expoentes do que se convencionou chamar de teorias da prática no movimento de "retorno à prática" são Theodore Schatzki (1996), Silvia Gherardi (2019), Andreas Reckvitz (2002), Elizabeth Shove (2012) e Davide Nicolini (2013).

Apesar de algumas nuances na perspectiva de prática social de cada um desses autores, é possível dizer que há em comum entre eles os entendimentos de que uma prática social é uma unidade composta de atividades não aleatórias e consiste em elementos conectados, incluindo personificação, objetos físicos, emoções, competência de fazer coisas e motivação para fazê-las. A prática social visa compreender e explicar a ação social e a ordem social (Nicolini, 2013). Portanto, entender algo "como prática" significa que essa coisa é um contínuo processo de ordenamento social fruto de um conjunto de ações conectadas (atividades) e que envolve humanos e não humanos (Bispo, 2013). Schatzki (1996, 2001, 2012) define que as práticas sociais são um nexo de fazeres e dizeres que têm uma inteligibilidade (as pessoas reconhecem que fazem parte da prática) e uma teleoafetividade (um senso de direção). Já Gherardi (2019) define prática social como um fazer coletivo de conhecimento em que esse conhecimento se dá na ação (de humanos e não humanos). Schatzki representa uma perspectiva humanista das teorias da prática, na qual a ação humana prevalece sobre os arranjos materiais, enquanto Gherardi representa a perspectiva pós-humana das teorias da prática, na qual as agências dos humanos não são mais importantes que a agências dos não humanos (Gherardi, 2021). As teorias da prática assumem ordenamentos sociais como processuais e situados, de modo que qualquer prática é uma construção coletiva constante. Para Hora (2020, p. 280),

> É toda a compreensão da ordem social que muda com a abordagem praxeológica. Por exemplo, o modelo do *homo economicus* explica a ação, recorrendo a fins, intenções e interesses individuais; a ordem social é então um produto da combinação de interesses individuais. O modelo do *homo sociologicus* explica a ação, apontando para as normas e valores coletivos, nomeadamente as regras que expressam uma normatividade social; a ordem social é garantida por um consenso normativo. Por outro lado, a novidade das teorias das práticas sociais consiste em explicar e compreender as ações com base na reconstrução das estruturas simbólicas de conhecimentos, os quais, ao mesmo tempo, "capacitam" e limitam os agentes a interpretar o mundo de acordo com certas formas, e a se comportar correspondentemente. A ordem social, por conseguinte, não aparece como um produto da conformidade das expectativas normativas recíprocas, mas como ancorada em estruturas cognitivas e simbólicas coletivas, em um "conhecimento compartilhado" que enseja uma maneira socialmente compartilhada de dar sentido ao mundo.

A minha posição em buscar entender a Administração como uma prática social está ancorada na ideia de que é possível fazer Administração de múltiplas formas em contextos distintos, especialmente diversa da posição canônica do *homo economicus*. Portanto, afasto-me da ideia de que a Administração pode ser uma técnica genérica que se aplica a qualquer contexto (Klikauer, 2015), assim como apresenta caráter desinteressado e supostamente neutro.

Outra razão para entender a Administração como prática social é que pensar uma Administração responsável implica reconhecer que ela está orientada por um conjunto de valores que formam uma base moral que baliza como a Administração acontece. Soma-se a isso um entendimento de que, mesmo orientada por bases morais, a Administração pode valorizar coisas distintas (dependendo do contexto), o que possibilitaria encontrar ou produzir bases morais diferentes. Portanto, pensar a Administração como prática social rompe com a ideia de neutralidade e racionalidade instrumental que domina o campo e abre espaço para novas formas de pensar e fazer Administração (Serva, 1997; Gherardi; Laasch, 2021; Bispo, 2022a).

Pensar a Administração como prática social é assumir que ela é um ordenamento social fruto de um nexo de fazeres e dizeres, um conhecimento coletivo sobre o que é Administração e administrar. Uma perspectiva à luz da prática social para a Administração reconhece que a Administração é processual e pode mudar ao longo do tempo. Contudo, um aspecto pouco explorado nas teorias da prática e que pode ser uma chave para entender como as práticas se constituem e mudam ao longo do tempo é justamente as bases morais que orientam o fazer coletivo. Entretanto, eu estou propondo fazer uma Sociologia da Administração que não é, necessariamente, propor uma praxiologia da Administração. Tal diferenciação é importante para sinalizar que uma Sociologia da Administração pressupõe considerar as bases morais dela, o que não é comum na praxiologia que tem um caráter mais orientado para o relativismo sem atenção às bases morais que orientam as práticas.

Utilizar teorias da prática para fazer uma Sociologia da Administração me fez perceber que a moralidade que é parte da história do fazer sociológico (Hitlin, 2015; Weiss, 2015; Brito; Freire; Freitas, 2020) não está presente de maneira relevante nas teorias da prática, algo curioso considerando que o cerne das teorias da prática é compreender a ação e o ordenamento social. Mas para conseguir articular como a Administração pode ser entendida como uma prática social, como ela pode se tornar (efetivamente) uma Administração responsável e quais valores e moralidades estão envolvidas nesse processo, é preciso fazer um breve resgate das origens do pensamento administrativo moderno para sustentar o debate.

As raízes da Administração da maneira como a conhecemos atualmente se construiu das influências da "Administração Científica", que tem como precursor Frederick Winslow Taylor, e da "Administração Clássica", influenciada pelas ideias de Henri Fayol no início do século XX (Tragtenberg, 2006).

Taylor tinha como principal preocupação desenvolver formas de aumentar a produção no menor tempo e esforço possível e fazer da Administração uma ciência. Nesse sentido, a ideia era aplicar métodos inspirados pela ciência natural de orientação positivista de maneira racional e metódica visando dar conta dos problemas administrativos que naquela época estavam relacionados à produção no chão de fábrica e assim alcançar a máxima produtividade (Locke, 1982). O seu livro clássico é intitulado "Princípios de Administração Científica", publicado em 1911, e nele Taylor defende que administrar uma empresa deve assumir um caráter científico. Taylor influenciou outros movimentos posteriores durante o século XX, conhecidos como fordismo e toyotismo, que também estavam preocupados com métodos para organização e produção do trabalho (Tenório, 2011).

Fayol estava orientado em buscar estruturas organizacionais que pudessem tornar as organizações mais eficientes. O trabalho dele estabeleceu o que entendia como princípios básicos e a estrutura para a teoria da Administração como a conhecemos atualmente (Pryor; Taneja, 2010). Seu livro de referência é "Administração Industrial e Geral", de 1916. Fayol buscou oferecer uma teoria original da Administração que não estivesse ancorada na teoria da burocracia ou na economia (como campo teórico), mas orientada por uma racionalidade política e criativa.

> O objetivo da Administração é, na visão de Fayol, perseguir os mais altos padrões de descoberta científica e produtividade industrial, garantindo ao mesmo tempo o apoio da organização e a construção da coesão social (Hatchuel; Segrestin, 2019, p. 399).

É importante ressaltar que boa parte das ideias de Taylor e Fayol parte da noção de divisão do trabalho já proposta por Adam Smith no livro "A riqueza das nações", de 1776 (Tenório, 2011; Cummings *et al.*, 2017).

Outra pessoa que merece menção na construção da Administração como a conhecemos atualmente é Elton Mayo, um psicólogo que também na primeira metade do século XX dedicou seus estudos às organizações (Cordeiro, 1961; Bertero, 1968). A contribuição de Mayo para o debate em Administração foi trazer o elemento humano, considerando que o foco de Taylor e Fayol estava nas formas de produção e trabalho sem levar em conta de maneira aprofundada os aspectos pessoais relacionados ao trabalho. Nesse sentido, Mayo percebeu que não adiantava tratar os trabalhadores como peças ou máquinas, mas que era preciso compreendê-los como dotados de personalidade complexa e que sua motivação ia além de buscar conforto material (remuneração), incluindo as necessidades sociais e psicológicas (Cordeiro, 1961; Bertero, 1968). Por meio das ideias de Mayo é que surge o campo da Administração conhecido como Escola das Relações Humanas. O fator humano deveria se somar aos aspectos anteriormente apresentados por Taylor e Fayol relacionados à produtividade e ao trabalho, especialmente com relação à autonomia do funcionário e ao senso de pertencimento para aumentar o comprometimento e a eficiência (Shatil, 2020).

As ideias de Taylor, Fayol e Mayo contribuíram para que a Administração se constituísse como campo distinto da economia e da engenharia e abriram espaço para que a noção de "eficiência" se tornasse a ideia norteadora do fazer administrativo (Cummings *et al.*, 2017). Parker (2002, p. 4) defende que a Administração "é uma forma de organização baseada na premissa da eficiência que ordena pessoas e coisas em busca de que objetivos acordados coletivamente sejam alcançados". Portanto, a Administração representa a consolidação da ordem e da eficiência. Mas a Administração também é utilizada como meio de justificar crueldades e desigualdades (Parker, 2002) por meio de uma moralidade oculta.

Desse modo, a noção de eficiência fez com que a Administração se posicionasse como uma ciência e uma prática "racional", "neutra" e "técnica" (Alvesson; Willmott, 1992; Townley, 2002; Hanlon, 2018; Shatil, 2020; Bispo, 2022a), oferecendo um entendimento de que se trata de um campo "amoral" e "apolítico".

Para ganhar legitimidade a Administração utiliza o discurso de neutralidade e imparcialidade para conseguir promover a ideia de que é possível neutralizar as contradições nos locais de trabalho oferecendo modelos (leis gerais inspiradas no positivismo) que seriam capazes de mitigar conflitos de interesse por meio de valores universalistas – o melhor, o correto, o bom.

> A Administração também inventa novos instrumentos que pretendem trazer transparência onde a arbitrariedade reina suprema, a objetividade onde dominam as contradições e a segurança onde a instabilidade ameaça (Chauvière; Mick, 2011, p. 138).

Nesse sentido, Parker (2002, p. 4) questiona: "quem pode ser contra a ordem e a eficiência?". O autor traz a reflexão na qual a Administração se posiciona como uma prática legítima na sociedade e que é difícil alguém ser contra ela, porque se apresenta como resolvedora dos problemas e não como criadora ou parte deles.

Boa parte desse entendimento tem origem nas ideias de Max Weber acerca das noções de: a) neutralidade axiológica, que pode ser entendida como a construção das ciências sociais sem pressupostos; e b) razão racionalista orientada pela técnica e pela eficiência. Assim é possível dizer que "a razão equivale à técnica. A técnica é a mais perfeita expressão da razão e a razão é a técnica do comportamento e da ação" (Tragtenberg, 2006, p. 143).

Weber nos seus escritos metodológicos sobre as ciências sociais defendia a objetividade como postulado para pesquisa, de modo que o pesquisador não deve tomar nenhuma posição valorativa, devendo separar o que é (fato) e o que deveria ser (Weiss, 2014). No campo da Administração, o postulado de objetividade e neutralidade é controverso. Ainda que haja um senso de que a Administração é técnica e neutra, ela não trata do que é sem apontar como deve ser. Trata-se de um campo normativo na sua prática (vide o subcampo da estratégia) e como ciência (que adora propor modelos). É nesse ponto que não dá para fugir de uma discussão moral da Administração.

O uso de Weber como inspiração para a produção do conhecimento no campo da Administração me parece distorcido. O campo parece estar mais próximo da racionalidade substantiva orientada por tipos ideais (que para Weber são um tipo de dominação) do que realmente da racionalidade técnica. Portanto, a noção de eficiência carrega consigo mais uma ideia de dever ser em vez do que é (vide Callon, 1998 sobre a performatividade), por isso uma análise moral da Administração me parece necessária. A representação desse entendimento pode ser encontrada no termo "gerencialismo", que busca se consolidar como uma ideologia que critica a própria noção de ideologia para se apresentar como neutra (Locke; Spender, 2011; Chauvière; Mick, 2013; Klikauer, 2015; Shatil, 2020). Ideologia aqui entendo como "formas não coercitivas de reproduzir e moldar a ordem social" (Shatil, 2020, p. 1191).

O gerencialismo é um termo utilizado por pensadores críticos da Administração e das ciências sociais para se referirem à premissa de que existem teorias e habilidades genéricas de gestão que servem para serem utilizadas em qualquer tipo de organização, incluindo as públicas e a sociedade em geral (Locke; Spender, 2011; Chauvière; Mick, 2013; Klikauer, 2015; Shatil, 2020). Essas teorias e habilidades têm parte de sua inspiração na ideia de neutralidade axiológica. Klikauer (2015, p. 1.105) define que

> O gerencialismo combina ferramentas genéricas e o conhecimento da Administração com a ideologia [oculta] para se estabelecer sistemicamente nas organizações, instituições públicas e na sociedade, ao mesmo tempo em que priva os empresários (propriedade), trabalhadores (organizacional-econômico) e sociedade civil (social-política) de todos os poderes de tomada de decisão. O gerencialismo justifica a aplicação de suas técnicas gerenciais unidimensionais a todas as áreas de trabalho, sociedade e o capitalismo com base na ideologia [oculta] superior, no treinamento especializado e na exclusividade do conhecimento gerencial necessário para administrar as instituições públicas e a sociedade como corporações.

O gerencialismo não é um sinônimo de Administração, mas uma prática social derivada dela e orientada por valores como competição, livre mercado de trabalho, individualismo, egoísmo, entre outros, que sustentam a noção de eficiência como uma moral. Trata-se de uma ideologia dominante no campo da Administração (Parker, 2002).

A Administração surge com Taylor, Fayol e Ford no início do século XX com foco na produção industrial e orientada para dentro das organizações privadas, enquanto o gerencialismo aparece no final do século XX e início do século XXI buscando se tornar uma ideologia geral expandida para as organizações públicas e as esferas política, cultural e social (Parker, 2002; Chauvière; Mick, 2013).

O gerencialismo busca transformar a sociedade em uma sociedade gerencial, objetivo que é suportado pelos estudos da Administração de corrente dominante, que tomam os cânones da Administração de empresas e negócios sob as premissas da competitividade, valor agregado e vantagem competitiva para a Administração pública (vide o movimento da Nova Administração Pública), outras organizações sem fins lucrativos e a própria sociedade de maneira mais ampla. Ao mesmo tempo, o gerencialismo escanteia e critica todas as formas alternativas de pensar a Administração fora da lógica "racional e neutra" na qual o gerencialismo se apresenta. Isso faz com que o fazer Administração na lógica gerencialista se torne um auxiliar do projeto de sociedade gerencial orientado pelo capitalismo gerencial, que tem na figura do "gerente" seu ícone de caráter tecnoburocrático (Klikauer, 2015; Bresser-Pereira, 2020).

Diante do contexto neoliberal capitalista, o gerencialismo desde o final do século XX também incorpora um caráter financeiro-rentista, que evidencia e fortalece o dinheiro e o lucro como valores que suportam a noção de eficiência como uma moral (Fourcade; Healy, 2007). É diante desse contexto que

> [...] [a] sociedade gerencialista contemporânea e o gerencialismo parecem ser capazes de conter a mudança social, convertendo cada problema social em um problema técnico que pode ser gerenciado (Klikauer, 2015, p. 1.111).

Assim, o gerencialismo se confunde com o capitalismo e o neoliberalismo (Shatil, 2020). Essa confusão é em razão de como essas três coisas se encontram em um momento histórico específico no final de século XX e início de século XXI, de modo que uma se alimenta da outra na constituição de um ordenamento social maior – a sociedade ocidental (Chauvière; Mick, 2013). Como forma de buscar apresentar os encontros e desencontros entre gerencialismo, capitalismo e neoliberalismo, resgato breves descrições de cada um deles, apresentando ao final (Quadro 1) uma síntese.

O gerencialismo pode ser resumido como uma derivação da Administração como forma e como processo; torna-se um fim em si mesmo, uma entidade que serve a si mesma, em que o gerente tecnocrata é o principal personagem (Spillane; Joullié, 2021). O gerencialismo combina ferramentas e conhecimentos genéricos da gestão com a ideologia gerencial (neutra, técnica e amoral) para se consolidar nas organizações, instituições públicas e na sociedade. A ideia é a aplicação de técnicas gerenciais unidimensionais a todas as áreas do trabalho, da sociedade, e assumir o capitalismo com a premissa de uma ideologia superior que requer treinamento especializado e conhecimento gerencial para administrar as instituições públicas e a sociedade como empresas (Klikauer, 2015).

O capitalismo como prática social (Hora, 2020) se caracteriza pela propriedade privada dos meios de produção, existência de livre mercado de trabalho (e não um livre mercado concorrencial como muitos costumam dizer), acumulação e valorização de capital, em que o lucro sobrepõe a necessidade de consumo ou subsistência, assim como o mercado como coordenador de bens no que tange à alocação e distribuição (Jaeggi, 2015, 2018). É possível dizer que o capitalismo como prática social é orientado pela lógica da acumulação (infinita) de capital (Hora, 2020).

O neoliberalismo é um programa político com raízes no Colóquio de Walter Lippman (1938) e na Sociedade de Mont Pelerin (1947), que estabeleceu críticas ao keynesianismo e ao estado de bem-estar social e buscou revisitar o liberalismo clássico com um olhar renovado. Entre os seus principais pensadores estão Ludwig von Mises e Friedrich Hayek da escola austríaca e Milton Friedman da escola de Chicago (Dardot; Laval, 2016; Hanlon, 2018). As principais ideias do programa neoliberal estão baseadas na desregulamentação dos mercados, na criação de novos mercados, na desregulamentação das relações trabalhistas, no fim do estado de bem-estar social, na privatização de todas as empresas estatais e no antisindicalismo. Mises e Hayek defendiam que a maioria dos indivíduos precisa ser convencida a adotar "valores comuns" e a guiar seu comportamento por eles. Tal missão é responsabilidade dos intelectuais (Rodrigues, 2013). Nesse sentido, a performatividade da economia representa um processo no qual esses intelectuais buscam moldar os agentes reais para se comportarem da maneira que a teoria diz que eles deveriam (Callon, 1998). É possível dizer que o neoliberalismo é também um projeto educacional no sentido de construir comportamentos.

Para Bresser-Pereira (2020), o neoliberalismo está em crise por não entregar as promessas de melhorar o padrão de vida e dar mais segurança à população por meio das reformas propostas pela elite neoliberal. Para ele, o neoliberalismo se mostrou incapaz de organizar o capitalismo, gerando alta instabilidade financeira, baixo crescimento econômico e aumento significativo da desigualdade, que estão, atualmente, gerando uma crise de credibilidade da democracia mundo afora. Bresser-Pereira (2020) argumenta que as elites burguesas e tecnoburocráticas estão satisfeitas por continuar a se apropriar do excedente econômico, apoiadas no mercado e na hegemonia ideológica que elas controlam, porém guardam uma preocupação por entenderem que o excedente econômico (lucro) cresce lentamente. Já os cidadãos estão insatisfeitos com os políticos porque percebem que eles representam mais os interesses da elite burguesa que os seus. Essa combinação de insatisfações da elite burguesa e dos cidadãos termina enfraquecendo a democracia.

No Quadro 1, eu apresento alguns pontos que evidenciam o que é comum e o que é diverso no gerencialismo, no capitalismo e no neoliberalismo. A ideia é facilitar o entendimento de que, apesar de compartilharem semelhanças, não são a mesma coisa.

Quadro 1 – Aproximações e distanciamentos entre gerencialismo, capitalismo e neoliberalismo

Ideias força	Gerencialismo	Capitalismo	Neoliberalismo
Liberdade individual			X
Individualismo	X	X	X
Mercado como principal ordenamento social	X	X	X
Livre mercado de trabalho	X	X	X
Livre mercado concorrencial			X
Desregulamentação de mercados			X
Propriedade privada/meios de produção	X	X	X
Maximização/produtividade/eficiência	X	X	X
Maximização do lucro	X	X	
Discurso de neutralidade	X	X	
Democracia			X

Fonte: elaborado pelo autor (2024)

No Quadro 1 é possível perceber que gerencialismo, capitalismo e neoliberalismo têm em comum a perspectiva individualista, em que os interesses individuais se sobrepõem aos interesses coletivos, assumindo como pressuposto que a soma dos interesses individuais é que garante o bem-estar coletivo (Dardot; Laval, 2016). Shatil (2020) defende que o gerencialismo corresponde à exacerbação do individualismo, gerando um ultraindividualismo, que corresponde às pessoas que são perfeitamente adaptáveis a qualquer tipo de jogo desde que em troca ganhem o direito à satisfação em todas as relações sociais. Não se trata, portanto, de pessoas que apresentam características especiais ou desempenho superior, são apenas adaptáveis ao que é exigido. Dessa forma, é preciso notar que o individualismo não é, necessariamente, sinônimo de liberdade individual. Isso porque nem sempre ações individuais são escolhas livres, de modo que os indivíduos são forçados a agir contra a sua vontade. Nesse aspecto, o neoliberalismo se distancia do gerencialismo e do capitalismo por defender a liberdade de escolha individual.

A questão do mercado também apresenta aproximações e distanciamentos entre gerencialismo, capitalismo e neoliberalismo. Todos eles defendem o mercado como principal forma de ordenamento social, em que o Estado e a sociedade civil devem ter uma posição de subordinação, assim como a existência de um livre mercado de trabalho. Por outro lado, livre mercado de trabalho não é a mesma coisa que livre mercado concorrencial. Diferentemente do neoliberalismo, que tem na livre concorrência um de seus pilares, o gerencialismo e o capitalismo têm características monopolísticas de mercado, priorizando a lucratividade individual (Fourcade; Healy, 2007). É por essa razão que a desregulamentação dos mercados não é algo essencial para o gerencialismo e o capitalismo, desde que não comprometa a lucratividade dos negócios.

A propriedade privada e o controle dos meios de produção são um ponto comum entre o gerencialismo, o capitalismo e o neoliberalismo. Entretanto, é preciso destacar que por motivos diferentes. Enquanto o gerencialismo e o capitalismo entendem a propriedade privada e o controle dos meios de produção como forma de dominação para garantia da lucratividade, o neoliberalismo entende que eles são um meio de garantia da liberdade individual. Ainda que muitas pessoas possam pensar que na prática o resultado de dominação prevalece sobre a liberdade individual, penso ser importante realçar as diferenças motivacionais que sustentam a defesa da propriedade privada pelo gerencialismo, capitalismo e neoliberalismo.

Quanto à noção de maximização, produtividade e eficiência, também há um entendimento comum entre gerencialismo, capitalismo e neoliberalismo. A ideia de racionalização do mundo suporta esse entendimento. Por outro lado, no que diz respeito à maximização da lucratividade, o gerencialismo e o capitalismo assumem isso como um valor, enquanto o neoliberalismo entende o lucro como um mérito resultado do esforço individual, que só é possível por meio da liberdade individual. Portanto, o lucro no neoliberalismo não é um fim em si mesmo como no gerencialismo e no capitalismo.

Outro ponto de interesse para comparação é como gerencialismo, capitalismo e neoliberalismo entendem o papel dos valores e da moral no ordenamento social. O gerencialismo e o capitalismo se apresentam como formas neutras de organização social, uma ideologia superior ainda que não se reconheçam como ideologia, mas como racional e técnica. Como já apontado por Maurício Tragtenberg (2006), esse entendimento traz a técnica como a mais perfeita expressão da razão, de modo que não cabem juízos de valor, e sugerindo que a política é a negação da técnica e da racionalidade. Já o neoliberalismo se apresenta como uma posição política que não é neutra e defende a liberdade individual por meio do livre mercado como valor central (Dardot; Laval, 2016).

Um ponto que merece bastante atenção entre as perspectivas do gerencialismo, capitalismo e neoliberalismo é a questão da democracia. Apesar de o assunto ser amplo e complexo (Schumpeter, 1961; Bobbio, 1990; Mouffe, 2005), é na questão democrática que eu entendo estar o maior distanciamento entre as perspectivas sob discussão. Isso porque o neoliberalismo está associado à defesa da democracia, pelo menos por uma perspectiva minimalista dela de vertente liberal que é a democracia representativa (Pitikin, 2006). A defesa do estado democrático de direito é a maior representação da defesa neoliberal pela democracia, uma vez que, apesar de defender Estado mínimo, o neoliberalismo também defende um Estado forte capaz de garantir os contratos por meio do monopólio da força e do funcionamento de um sistema de justiça adequado. Por outro lado, apesar de o capitalismo ter avançado por meio da consolidação do que é conhecido como estado moderno de orientação liberal, as últimas décadas vêm mostrando que para a existência do capitalismo não é preciso, necessariamente, regimes democráticos. A evidência disso está em como o capitalismo avançou em países como China, Rússia e no mundo árabe, que não estão sob um regime democrático. Da mesma forma, como o gerencialismo deriva da Administração como uma ferramenta do capitalismo, ele também não guarda na democracia um valor.

A pergunta que ainda resta nessa comparação é: qual a diferença entre capitalismo e gerencialismo? A resposta está em um aspecto sutil entre ambos, que se baseia na finalidade de cada um deles. Enquanto o capitalismo está prioritariamente orientado para o excedente econômico (o lucro), o gerencialismo tem como finalidade a satisfação pessoal por meio do consumo e a valorização do cliente consumidor. Em suma, é possível dizer que enquanto o capitalismo está orientado para a acumulação infinita de capital (maximização do lucro), o gerencialismo está orientado para a satisfação pessoal por meio do ultraindividualismo (Shatil, 2020), representado pela lógica do "consumo, logo existo". Enquanto o capitalismo participa de uma competição corporativa, o gerencialismo estimula uma competição de *status* individual, em que os "vencedores" são percebidos pelo consumo.

A Administração pensada de forma que o *ethos* dela abraça o neoliberalismo e o capitalismo, assim como assumindo o gerencialismo como a maneira acabada da própria Administração, revela uma forma de pensamento dominante no campo, a expressão de uma maneira de reconhecer a Administração como prática social. Entretanto, Jaeggi (2018, p. 519) nos lembra que

> A organização capitalista da economia se limita a apresentar-se como "desembutida" ou "de-normativizada" na medida em que sua dinâmica consiste em dissolver limites éticos tradicionais que encontravam uma expressão institucional, por exemplo, nas regulamentações e limitações pré-modernas da atividade econômica, como no caso das corporações. Contudo, a meu ver, se constitui também numa nova normatividade própria. O que está sendo designado aqui é somente a ausência de um ethos *específico* e a substituição de uma norma e de sua moldura institucional *por outra*, que se apresenta como eticamente "neutra" e fundamentada sobre preferências racionais e sobre a maximização da utilidade.

Reconhecer o *ethos* que organiza a corrente dominante da Administração como prática social possibilita que pensemos a Administração para além dele. Uma pista de que isso é possível está no entendimento de que as práticas sociais não são isoladas, elas sempre estão conectadas com outras práticas que formam um contexto maior chamado, por exemplo, de nexo (Schatzki, 2012), textura (Gherardi, 2019), ou conjunto (Jaeggi, 2018) de práticas sociais. De maneira mais específica,

> [...] as práticas concernentes a preocupações econômicas (ou, se quisermos, as práticas que perseguem fins "econômicos" no sentido mais restrito) são ligadas ou interligadas com outras práticas e interpretações não econômicas. São parte do que chamei acima de "conjunto" de práticas sociais e de suas respectivas interpretações, que se explicam e se fundamentam reciprocamente (Jaeggi, 2018, p. 511).

Portanto, conhecer a lógica dominante da Administração como prática na contemporaneidade revela a existência de uma base moral norteadora da prática, mas que não impede que outras bases morais possam ser pensadas na Administração como outra prática social. Avançar em uma reflexão sobre a Sociologia da moral e a moral da Administração pode ser um terreno fértil para que pensemos outras possibilidades da Administração como prática social. Aí está o fazer de uma Sociologia da Administração.

A SOCIOLOGIA (DA) MORAL E A MORAL DA ADMINISTRAÇÃO

Apesar de socialmente sempre existir uma moral norteadora das ações e uma ética que busca guardar correspondência com a moral vigente, nos negócios parece haver uma dissonância entre o que se discursa como moral e ético em relação ao que realmente acontece, vide os escândalos corporativos que são uma prática social mesmo em organizações que se declaram preocupadas com aspectos de sustentabilidade, ética nos negócios e responsabilidade social (Bispo, 2022a). Ainda que as escolas de negócios tenham nos últimos anos desenvolvido conteúdos curriculares com o objetivo de avançar na Administração responsável – vide os Princípios para a Educação da Administração Responsável das Nações Unidas – Pear (Forray; Leigh, 2010) –, o tema parece estar mais restrito à parte da educação nas escolas de negócios que à prática da Administração em si (Laasch *et al.*, 2020a). As ideias relacionadas ao mercado com prevalência de um discurso econômico que privilegia questões financeiras com foco no lucro em vez das necessidades encontradas nos grandes desafios societais evidenciam a necessidade de pensar a moral e a ética de maneira mais orientada para as práticas sociais, para podermos entender como as coisas são e não apenas como pessoas e organizações dizem que elas deveriam ser.

> Em tempos recentes, a tese de que o mercado e até as instituições econômicas enquanto tais formariam uma "esfera livre de normas" tem sido atacada com o argumento de que os atores econômicos não são livres de considerações morais e, ainda mais, de considerações, hábitos e disposições éticas, isto é, de sua "vida ética" [...] Se as práticas são constituídas (internamente) por normas, então *também as práticas econômicas possuem condições normativas de sucesso inerentes*, ou normas ético-funcionais que são indispensáveis para seu adequado funcionamento (Jaeggi, 2018, p. 516).

A importância da Sociologia da Moral no contexto de uma Sociologia da Administração está em desnaturalizar o campo da Administração como racional, técnico e neutro, portanto amoral e apolítico, de modo a entendê-lo como prática social. Assumir que o campo da Administração é organizado em torno de uma moralidade é fundamental para evidenciá-lo e, ao mesmo tempo, abrir espaço para que moralidades concorrentes possam emergir e oferecer novos olhares do que é e do que pode ser o fazer administrativo. Walker (2007) discorre sobre um entendimento da moral como processual e situada.

> [As] teorias da moralidade são tentativas de descobrir o que as pessoas estão fazendo ao aplicar uma avaliação moral (em julgamento, sentimento e resposta) sobre o que elas e os outros fazem e com o que se preocupam, e se algumas maneiras de fazer o que estão fazendo são maneiras melhores do que outras (Walker, 2007, p. 16).

Diante dessa perspectiva, a Sociologia da Moral contribui para

> [...] ajudar a desvendar processos e ideias que frequentemente seguimos, sem saber de onde vêm. Isso pode encorajar uma autocrítica, pois podem-se expor os processos sociais por trás de coisas que consideramos verdades óbvias. Por outro lado, nos torna conscientes da fragilidade dos valores tidos como sagrados, lembrando da possibilidade de rejeitá-los ou, caso continuem sendo aceitáveis e plausíveis após análise crítica, pode encorajar-nos a lutar por eles, ritualizá-los e encontrar mecanismos para renovar nossa fé nos mesmos, assim como as mais diversas religiões nos ensinaram a fazer no decorrer dos séculos. Isso nos ajuda a desvelar os mitos, para que possamos criar outros, novos (Rosati; Weiss, 2015, p. 129).

Especialmente no campo da Administração, tanto a prática quanto a construção do conhecimento acontecem sem reflexões mais profundas sobre, por exemplo, porque o mercado deve ser considerado a principal forma de organização social ou mesmo porque a maximização do lucro deve ser uma meta constante das empresas privadas. Essas duas premissas são assumidas como boas e vêm servindo de pilares para tudo que se constrói no campo. Como dito, o protagonismo do mercado e a maximização do lucro são ideias prevalentes no campo da Administração, mas não quer dizer que sejam únicas.

O grupo de pesquisadores conhecidos como *Critical Management Studies* (CMS) surgiu como uma forma de apresentar perspectivas mais críticas ao que é considerado corrente dominante no campo da Administração (Chauvière; Mick, 2011). O periódico *Organization* tem grande prestígio internacional na área da Administração e é considerado um veículo de foco editorial crítico. Trata-se de um espaço no qual grupos que problematizam as correntes dominantes no campo da Administração encontram espaço para publicar as suas ideias. O número especial sobre "Política pós-capitalista em formação: práticas de economia alternativa", organizado por Patricia Zanoni, Alessia Contu, Stephen Healy e Raza Mir (2017), publicado na *Organization*, é um exemplo de como grupos dentro do campo da Administração vêm buscando outras formas de pensar o campo fora do contexto econômico de viés capitalista. Ainda assim, é preciso reconhecer que a maioria dos trabalhos críticos no campo não costuma apresentar reflexões sobre a construção política e moral do campo em si, focando mais os valores e a moralidade a partir dos indivíduos e das organizações (Branicki *et al.*, 2021; Calvard, 2021).

Um ponto que merece atenção é que o próprio campo da Sociologia da moral também se apresenta em construção, de modo que ainda caminha para uma consolidação (Hitlin; Vaisey, 2010; Weiss, 2015; Brito; Freire; Freitas, 2020). Não que a moralidade não tenha espaço na Sociologia, pelo contrário, uma vez que ela historicamente esteve presente, com destaque nos trabalhos, por exemplo, de Durkheim, Weber e Marx (Hitlin, 2015). A questão é que décadas depois ela permaneceu "adormecida" como objeto de investigação, ainda que estivesse presente de maneira lateral nos estudos sociológicos, voltando a ter maior atenção na última década (Hitlin; Vaisey, 2010; Weiss, 2015; Brito; Freire; Freitas, 2020). Dessa maneira, há um encontro de ineditismos, em que o interesse pelo estudo da construção da moral no campo da Administração coincide com a consolidação dos estudos da moral como objeto e campo de estudos na Sociologia (Shadnam; Bykov; Prasad, 2021).

A própria ideia de Sociologia da Administração, que esteve presente no trabalho de Alberto Guerreiro Ramos no livro "Administração e contexto brasileiro" (1983), também não costuma ser presente tanto na Administração como na Sociologia. A Sociologia das organizações costuma ser mais comum no Brasil e na Europa, especialmente por meio de um campo conhecido como estudos organizacionais (Adler, 2009). Mesmo nos currículos de graduação e pós-graduação em Administração no Brasil e no exterior, o termo *Sociologia da Administração* não costuma aparecer, sendo substituído por outros que buscam combinar os termos *administração* e *Sociologia*, por exemplo, *Sociologia Aplicada à Administração*.

Portanto, estudar a moralidade do campo da Administração, e não no campo da Administração (o que é mais comum no nível tanto individual quanto organizacional), traz em si um grande desafio. Como meio para ampliar a compreensão da Sociologia da moral e suas contribuições para a Administração, apresento a seguir alguns conceitos importantes, como o de valores, moral, e da própria Sociologia da moral, buscando deixar mais evidente meu entendimento sobre esses conceitos.

Os valores servem como princípios de julgamento e para a ação (Heinich, 2020). Toda moral é constituída por um conjunto de valores e esses são relacionados à vontade das pessoas de fazer o bem. Portanto, os valores são motivadores das ações, de modo que entre o desejo de fazer sob a orientação dos valores e o que é efetivamente feito há uma mediação que acontece por meio dos fatos morais presentes em cada contexto. Dessa maneira, a compreensão entre o que as pessoas valorizam e o que elas fazem dentro de um contexto moral evidencia uma complexidade. Robbins (2015) defende que os valores não são necessariamente algo individual e intrínseco, mas um fenômeno externo aos indivíduos que os acessam por meio dos exemplos que podem estar presentes em pessoas de destaque (referência) ou por instituições.

A noção de moral está vinculada à ideia de ação e assume caráter orientador da ação no sentido de determinar o que é bom ou ruim, bem ou mal, certo ou errado, justo ou injusto, de modo que ordenamentos sociais distintos podem carregar diferentes possibilidades de moralidade (Weiss, 2015). Portanto, a moralidade é, ao mesmo tempo, compartilhada por pessoas e componente de qualquer ordenamento social. A moral se evidencia de maneira institucionalizada por meio de práticas sociais que caracterizam a sua existência fora das pessoas, o que traz à tona sua característica como um fenômeno social (Vandemberghe, 2015).

Para Hitlin (2015, p. 48), "Estudar a moralidade não é apenas estudar os nobres esforços da humanidade. É focar naquelas forças que unem os grupos, independentemente de nosso julgamento moral sobre os objetivos daqueles grupos." A moralidade tem, ao mesmo tempo, um caráter regulador das ações e constitutivo dos grupos sociais (Rawls, 2010). Tal característica evidencia que todas as nossas ações ocorrem dentro de um espaço valorativo e moral (Brito; Freire; Freitas, 2020).

Na literatura de Sociologia há certo entendimento de que a moral diz respeito ao que é bom ou correto e tem características de normatizar e constituir grupos sociais. Por outro lado, no plano ontoepistemológico há uma variedade de possibilidades e entendimentos de como é possível conhecer e pesquisar a moral (Hitlin, 2015). O Quadro 2 apresenta um resumo dessas possibilidades ontoepistemológicas do estudo da moral dividido em três perspectivas: a) moral como padrões universais; b) moral como interpretação e; c) moral como pano de fundo.

Quadro 2 – Perspectivas sociológicas do estudo da moral

Perspectiva moral	Descrição
Moral como padrões universais	A moral como padrões universais de certo e errado orientados para questões de equidade, justiça e dano. Moral como orientação do que é bom e o seu oposto é o imoral.
Moral como interpretação	A moral é entendida como situada. O conteúdo de sistemas morais como uma variável influenciada por conjuntos de fatores estruturais, culturais e históricos. O foco está em compreender o que as pessoas de um grupo entendem ser moral ou inaceitável. O oposto de moralidade não é a imoralidade, mas o não moral.
Moral como pano de fundo	A moral está relacionada às pré-condições que caracterizam os pressupostos que orientam e dão sentido a discussões morais específicas.

Fonte: elaborado com base em Hitlin (2015) e Abend (2014)

Essas possibilidades ontoepistemológicas nos mostram que a moral pode ser entendida por meio de três perspectivas. A primeira delas apresenta a moral como padrão universal, em que regras/normas gerais servem de referência para a ação. A segunda orientada por um entendimento mais relativista, em que o contexto ganha importância para o entendimento do que pode ou não ser considerado moral. A terceira tem a moral como um pano de fundo, no qual a moral se constitui por meio de um contexto com elementos preestabelecidos que dão sentido ao que é considerado moral.

A Sociologia da Moral se configura como o campo da Sociologia que tem a moral como objeto de pesquisa e busca evidenciar os mecanismos sociais responsáveis pela variedade de normas morais dentro do contexto complexo das sociedades modernas (Shadnam; Bykov; Prasad, 2021). São as normas morais que servem de base para dar sentido ao mundo e justificar ações. A Sociologia da Moral contempla a busca pelo entendimento da formação desses sentidos dados ao mundo e suas justificativas por meio das ações, de modo a observar formas de estabilidade ou circunstâncias de mudança da moral que advêm de situações invalidadoras ou pressões sociais (Hitlin, 2015).

No campo da Administração essas visões epistêmicas da moral nos conduzem a uma reflexão interessante relacionada ao discurso de caráter universalizante da moral, que encontra amparo no viés normativo/prescritivo de orientação positivista-funcionalista predominante na área e de como a perspectiva da moral como interpretação pode ser capaz de revelar a real moralidade em operação de um grupo social. Entretanto, para pensar a Administração como prática social, é importante assumir a moral como uma interpretação, em que ela é situada como resultado de fatores estruturais, culturais e históricos. Nesse sentido, questionar a moral como padrão universal colabora para que seja possível identificar morais concorrentes dentro do campo e repensar o *ethos* predominante da Administração como prática social.

Considerando que eu defendo que o campo da Administração também está orientado por uma moral, mas que ele não costuma ser refletido e debatido dentro do próprio campo, a Sociologia da moral se apresenta como uma forma de jogar luz sobre os mecanismos sociais responsáveis pela variedade de normas morais dentro do campo da Administração. Nesse sentido, concordo com Vandemberghe (2015, p. 66, grifos meus), que

> Cada ação, não importa quão racional ou emocional, rotineira ou estratégica, está cercada por um horizonte normativo que fornece os princípios, fins e valores que a definem e direcionam. De modo similar, as instituições – não importa quão sistêmicas sejam – possuem um ideal fundador que molda sua organização e seus objetivos, e é instrumental na coordenação das ações de seus membros. **Mesmo os mercados financeiros estão imersos em uma economia moral e é graças a essa infraestrutura moral que seus excessos podem ser julgados e criticados.**

Para avançar nessa compreensão acerca da moralidade do campo da Administração, entendo ser importante considerar os reflexos do pensamento liberal nele. Tal entendimento está baseado no próprio debate moral existente no pensamento liberal, que apresenta o liberalismo como um projeto moral, ainda que o campo da Administração, ao reconhecer as influências do liberalismo na sua construção (Cummings *et al.*, 2017), não deixe explícito que essas influências também estão relacionadas com uma moralidade. Röepke (1992) destaca que a elite dos neoliberais busca gerenciar opiniões e intervir em instituições como um empreendimento moral. Apesar de ser um processo de educação de uma moralidade com valores bem delimitados, o projeto moral liberal (especialmente o neoliberal) não se apresenta dessa maneira (Hanlon, 2018; Bispo, 2022a).

A terceira fase do liberalismo, o neoliberalismo, é parte de um processo cultural ancorado em uma moralidade que combina aspectos políticos e econômicos. Contudo, ao atribuir ao mercado o protagonismo na organização social, fortalecendo o lado econômico e deixando de maneira opaca o lado político, o neoliberalismo termina sendo confundido com o capitalismo, que não se apresenta como uma prática social dotada de moralidade. Apesar de não assumir o seu lado moralizante, o mercado e a Administração têm um caráter moralizador amparado pela ideia de racionalidade (Fourcade; Healy, 2007). O pensamento liberal, mesmo que não seja algo uníssono devido às mudanças ocorridas desde as ideias seminais de John Locke e Adam Smith, apresenta os elementos centrais para a construção e sustentação da moralidade administrativa, que está resumida na ideia de eficiência (Alexander, 2008; Cummings, 2017), suportada por uma racionalidade que se apresenta como técnica e neutra (Serva, 1997; Townley, 2002; Bispo, 2022a).

Cabe esclarecer que nenhuma técnica está livre de ser utilizada tomando como referência um conjunto de ideias e valores que levam à construção de uma moral. Mas o discurso de que a técnica é neutra faz com que ela esconda os seus valores e a orientação política vigente para atacar outros valores e a própria política (como prática social), como ideológicas e representação de formas de irracionalismo (Tragtenberg, 2006). Tal entendimento promove uma perspectiva tecnocrata falseada porque as ações parecem ser independentes do contexto histórico, político e cultural no qual elas acontecem. Soma-se a isso a promoção de um discurso cuja política como ideológica deve ser separada da técnica/mercado para que uma suposta neutralidade racional prevaleça (Wood, 2003).

Um bom exemplo disso é o debate corrente no Brasil sobre a necessidade ou não de um Banco Central autônomo, independente, ou mesmo subordinado ao governo federal de plantão. Aos que defendem o Banco Central independente, a crença norteadora é de que independentemente de quem sejam os membros da diretoria do banco, ele irá atuar de maneira neutra e técnica. O que essas pessoas desconsideram nessa defesa é que as próprias normas do Banco Central carregam com elas uma moralidade que não, necessariamente, está na direção de atender os interesses da maioria da população. Um mantra bem comum nesse debate é dizer que "a inflação prejudica os mais pobres". As minhas perguntas para essas pessoas são: O que não prejudica os mais pobres? Por que não buscamos acabar com a pobreza em vez do que prejudica os mais pobres? Hitlin (2015, p. 31) nos lembra que

> Agir de maneira neutra ou sistematicamente não engajar-se em debates e discussões sobre questões morais localmente importantes seria o mesmo que ser visto como alheio à ordem local, de certa forma, ter colocada em dúvida sua capacidade intelectual. Ser um ator estritamente racional é evidenciar formas de autismo social; seres humanos devem demonstrar, ao menos, um mínimo de preocupação com as crenças de outros, ou correm o risco de ser julgados como membros não adequados para aquela comunidade social.

A ideia de autismo social (que vou preferir chamar de alienação social) destacada por Hitlin (2015) fica mais evidente quando nos debruçamos no modo como as noções de racionalidade e técnica escamoteiam, por exemplo, a construção da noção de competição de mercado, em que o mercado se torna a principal forma de ordenamento social (Ganem, 2012). Vários pensadores de orientação neoliberal (Hayek, 1948; Kirzner, 1973; von Mises, 1996) defendem que as pessoas precisam ser educadas para aprender como se comportar racionalmente, de modo que as aversas à noção de competição necessitam serem educadas em uma reconstrução da sua moral na direção do individualismo (Dardot; Laval, 2016; Hanlon, 2018). As premissas da competição e do individualismo servem de base para a defesa de outras ideias que constroem o campo da Administração, entre as quais é possível mencionar a busca pela eficiência, a valorização da propriedade privada e a adoção do mercado como árbitro do valor, estando acima de outros valores e fazendo com que toda técnica esteja subordinada a ações economicamente determinadas (Gane, 2013, 2014). O mercado se apresenta como meio civilizador em que as pessoas se tornam menos violentas e irracionais sob sua mediação (Fourcade; Healy, 2007).

A evidência da alienação social no campo da Administração está em assumir o mercado como moralizador das relações humanas sem perceber ou questionar que a ideia de mercado está sob a liderança de economistas que defendem critérios puramente econômicos orientados pela eficiência ou lucro para elevá-lo ao status de regra moral global, que se justifica pela racionalidade, técnica e neutralidade, mas que esconde os conflitos políticos (portanto, de interesses) presentes em qualquer tipo de política econômica (Fourcade; Healy, 2007). Aqui não estou desconsiderando que o mercado é constituído de diversos agentes, mas não posso fechar os olhos para a liderança dos agentes do mercado financeiro que são os oradores oficiais do mercado, especialmente na grande mídia.

A moralidade que orienta tal pensamento se faz presente quando da defesa da combinação da racionalidade com o mercado que leva à liberdade. É na competição de mercado que se apresenta a melhor configuração social para a satisfação das necessidades individuais e a eficiência na alocação de recursos (Fourcade; Healy, 2007). Rodrigues (2013, p. 1002) chama a atenção para os conhecidos como neoliberais, que defendem que "qualquer sociedade livre pressupõe, em particular, um código moral amplamente aceito que vincula moralidade e capitalismo." Portanto, a técnica e a neutralidade no campo da Administração sob o argumento da racionalidade são, na realidade, elementos de uma moralidade que tem como valor principal a eficiência como sinônimo de maximização de lucro por meio da ação racional em um mercado supostamente livre.

Thrift (2005) destaca a existência de uma visão elitista de mercado e da necessidade de atores que fomentem o que ele chamou de "circuito cultural do capital". Fourcade e Healy (2007, p. 294) resumem como é esse processo e o papel da Administração nele afirmando que

> [...] a retórica da nova economia foi produzida por e para o benefício de um pequeno número de atores-chave, incluindo, mais proeminentemente, o que ele [Thrift, 2005] chama de "circuito cultural do capital": escolas de negócios, consultores de gestão, e gurus de gestão. Junto com a mídia, governos, economistas empresariais, gestores e o setor de tecnologia da informação, eles se alimentam não apenas do fascínio que o discurso da nova economia cria na mente do público, mas também do frenesi do experimento profundamente novo no capitalismo que esta economia representa e realiza por meio de uma ampla expansão de seu público financeiro.

Mais especificamente, no caso de Mises, a visão meramente mercadológica orientada por um entendimento de um indivíduo egoísta sugere que todas as ações humanas e suas regras podem ser entendidas com o objetivo de alcançar o máximo de utilidade possível orientadas pela razão, que tem papel fundamental na ordem social. Tal posição foi motivo de contestação até por Hayek, que entendia que o neoliberalismo é um projeto moral e que o mercado não estaria fora desse contexto (Rodrigues, 2013).

Ao longo do tempo foi possível notar que o mercado tem efeitos significativos sobre a ordem social, de modo a evidenciar que a noção de mercado está saturada de significado moral, fruto de esforços mais ou menos conscientes para categorizar, normalizar e naturalizar comportamentos e regras que não são naturais e terminam sendo justificados por uma razão econômica (Fourcade; Healy, 2007). Essa perspectiva moral que se apresenta naturalizada no campo da Administração faz com que seja preciso ampliar o papel da Sociologia da Moral neste debate.

A MORAL CANÔNICA DA ADMINISTRAÇÃO COMO PRÁTICA SOCIAL

O objetivo de compreender as bases morais da Administração como prática social é um desafio que envolve duas missões principais. A primeira é desnaturalizar a ideia de que a Administração é uma prática social meramente técnica, racional, neutra, apolítica e amoral. A dificuldade nesse ponto é trazer à tona um projeto educacional tanto nas escolas de negócios quanto na vida social de maneira mais ampla, que vem se consolidando há décadas. É, portanto, enfrentar a alienação social (Hitlin, 2015), de modo que seja possível convencer as pessoas de que os discursos emanados por especialistas todos os dias nos trabalhos acadêmicos, nas escolas de negócios, na grande mídia e (recentemente) nas mídias sociais, de que as diversas técnicas propostas para as soluções dos problemas sociais são orientadas por alguma moralidade e não uma lei de natureza. A segunda missão é conseguir desatar o nó que está presente no entendimento de como se constrói a moralidade da Administração como prática social em razão da existência de três elementos que se alimentam mutuamente e a olhos nus parecem ser a mesma coisa: o neoliberalismo, o capitalismo e o gerencialismo. Sem um microscópio, é difícil perceber as diferenças que existem entre esses elementos e como cada um deles contribui com a formação da moral da Administração como prática social.

Para enfrentar a primeira missão de desnaturalizar a ideia de que a Administração é uma prática social meramente técnica, racional, neutra, apolítica e amoral, penso que é preciso estabelecer um percurso teórico e outro prático. O caminho teórico está em revisitar a história da Administração e entender como a trajetória do campo foi se estabelecendo como se apresenta hoje. O que eu chamo de teoria aqui é qualquer esforço estruturado de apresentar explicações sobre determinado fenômeno social que guarde correspondência com o mundo concreto, ajudando a entender as práticas sociais.

Acrescento que qualquer teoria é uma simplificação da realidade de modo que se configura sempre como uma aproximação dela, que é complexa. Portanto, a teoria contribui para o entendimento de fenômenos complexos que dificilmente seriam compreendidos sem ela (Bispo, 2022b; Faria, 2023).

O esforço de entender como a Administração se construiu como prática social contemporânea passa em acessá-la como realmente ela acontece e não como dizem que ela deveria acontecer. Confrontar o que é com o que deveria ser abre espaço para a percepção de que entre uma coisa e outra há uma lacuna, e é essa lacuna que precisa ser compreendida e explicada teoricamente. Em última instância, um olhar mais atento a como a Administração é (como prática) revela que não é possível aceitá-la como técnica, racional, neutra, apolítica e amoral como uma entidade autônoma da sociedade e sem afiliação ideológica e sustentação moral. Provocar essa reflexão é o papel da teoria na desnaturalização da Administração como prática social, assim como abrir espaço para o entendimento de que outras administrações são possíveis.

O caminho prático da desnaturalização passa por utilizar a própria onda discursiva na sociedade de forma mais ampla e nas organizações de maneira mais específica, sobre avançar nas pautas que dizem respeito à sustentabilidade, à agenda *Environmental, Social and Governance* ESG e aos ODS da ONU. Entretanto, o que falta é evidenciar que a Administração jamais vai se aproximar dessas pautas se elas não forem assumidas como valores humanos e sociais em vez de financeiros. Ou seja, é preciso mostrar que a técnica está a serviço de uma ideia, o que inviabiliza o entendimento da neutralidade, amoralidade e apolítica. E mesmo a noção de racionalidade pode ser entendida de várias maneiras (Serva, 1997), assim como se constrói pela compreensão moral da sociedade. Portanto, o desafio está em mostrar que não se avança na pauta da Administração responsável tendo como pano de fundo transformá-la em um meio de ganhar mais dinheiro, financeirizá-la. Tal iniciativa deve confrontar as ideias de bem comum diante do ultraindividualismo, de modo a evidenciar que, ao contrário do cânone discurso gerencialista, capitalista e neoliberal, não é na soma de egoísmos, nem dando prioridade à concentração de riqueza justificada pela meritocracia que construímos uma sociedade responsável e sustentável.

A segunda missão, também de ordem teórica, sobre o nó entre as noções de neoliberalismo, capitalismo e gerencialismo parece, em um primeiro momento, um preciosismo teórico, uma vez que quando observamos a Administração acontecendo na realidade as três coisas parecem uma só. Eu talvez não me incomodasse com esse entendimento se não fosse por duas questões de fundo relevantes. A primeira é a própria necessidade de desnaturalizar a ideia de neutralidade e que a Administração não serve a nenhuma ideologia ou tem qualquer base moral com implicações políticas. Isso eu já venho tratando ao longo do texto e não preciso entrar em mais detalhes neste momento. A segunda questão é que para conseguir pensar uma Administração diferente da atual, que se confunde com o gerencialismo, que se confunde com o capitalismo, que se confunde com o neoliberalismo, ganha relevância entender o que fundamenta cada um desses conceitos e a relação deles com a Administração. Daí desatar o nó se apresenta como uma tarefa necessária.

Para além do que eu já apresentei no Quadro 1, penso ser pertinente avançar no entendimento do que conecta neoliberalismo, capitalismo e gerencialismo para, na sequência, estabelecer esses vínculos com a Administração. Portanto, entendo que os elementos que constituem o nó são as ideias de individualidade, propriedade privada e mercado. É no emaranhamento dessas três ideias que as demais se desdobram, possibilitando a criação das noções de neoliberalismo, capitalismo e gerencialismo.

A questão da individualidade é um dos fundamentos do pensamento liberal, pois ela carrega o cerne da ideia de liberdade, ou seja, o indivíduo é que precisa ser livre (Dardot; Laval, 2016; Deneen, 2020). Também é na existência de indivíduos livres que se abre a oportunidade da existência de propriedade privada, algo que é individual. A noção de propriedade privada abre espaço para que o mercado ganhe destaque, porque é nele que se entende haver a possibilidade de redução de interferência do Estado na vida das pessoas (indivíduos), de modo que elas possam exercer a sua liberdade por meio de relações de trocas livres. São essas trocas livres que conectam a ideia de liberdade com a noção de livre mercado sem a intervenção do Estado, formando a noção de economia de mercado e criando as bases do pressuposto neoliberal (Rodrigues, 2013). É diante desse contexto que o capitalismo encontra no liberalismo clássico (inicialmente) e no neoliberalismo (atualmente) terreno fértil para promover a sua agenda em defesa da propriedade privada, controle sobre os meios de produção e promoção da maximização do lucro por meio das noções de eficiência, produtividade e racionalidade (Jaeggi, 2018; Hora, 2020). É sustentado pelas noções de eficiência, produtividade e racionalidade que o contexto capitalista neoliberal abre espaço para a emergência do gerencialismo (Klikauer, 2015; Spillane; Joullié, 2021), que objetiva transformar problemas sociais em problemas técnicos que podem ser resolvidos por meio de gerentes, assim como promove um ultraindividualismo, em que o objetivo final é a satisfação pessoal por meio do consumo e do *status* (Shatil, 2020).

O resultado do nó estabelecido entre neoliberalismo, capitalismo e gerencialismo é "a elevação de critérios puramente econômicos, como eficiência ou lucro, ao status de regra moral" (Fourcade; Healy, 2007, p. 304), tendo como arena principal o mercado. Portanto, o mercado é o espaço no qual é possível o estabelecimento do nó e que traz a percepção que neoliberalismo, capitalismo e gerencialismo são uma coisa só. Contudo, pensar o mercado como vilão não resolve o problema posto, uma vez que não se trata do espaço onde acontece (o mercado), mas da moralidade que norteia as ações e práticas sociais dentro dele. A dificuldade em perceber isso está na propagação do discurso de defesa do mercado capitalista como meio de liberdade individual na visão do neoliberalismo (Fourcade; Healy, 2007; Rodrigues, 2013), que apesar de ser um movimento político não deixa isso evidente no discurso, dando ênfase ao seu caráter econômico (Dardot; Laval, 2016; Deneen, 2020). Soma-se a isso o discurso anti-ideológico, antipolítico e amoral do capitalismo e do gerencialismo, que escamoteiam seu caráter ideológico, político e moral com a utilização das noções de técnica, eficiência, produtividade, lucratividade e racionalidade.

Mas se a Administração não é sinônimo de neoliberalismo, capitalismo e gerencialismo, o que ela é? Sob o ponto de vista das teorias da prática, a Administração é uma prática social. Nesse sentido, não há como negar que ao longo da sua trajetória como campo desde o início do século XX ela vem caminhando para ser um meio da sustentação da moral oculta apregoada pelos neoliberais capitalistas de eficiência, sendo sinônimo de lucro. Ou seja, a maximização do lucro se tornou um valor basilar na construção da moralidade da Administração contemporânea, tendo como base moral o mantra da eficiência (Alexander, 2008). Mas é também sob as lentes das Teorias da prática em combinação com a Sociologia da moral que desnaturalizar a eficiência como moral abre espaço para reconhecer que existe uma base moral na Administração como prática social e que ela vem se mostrando incompatível (para não dizer concorrente) com os debates atuais sobre a necessidade de a sociedade se orientar por valores que estão presentes nas ideias de sustentabilidade e responsabilidade.

Entender a base moral da Administração como prática social contemporânea é reconhecer que as ações atuais na busca por um mundo sustentável e responsável podem ser vistas como formas de "enxugar gelo", porque ao serem subordinadas a uma moralidade da eficiência terminam sendo incipientes. O que termina acontecendo é a prevalência da noção de performatividade (Callon, 1998; Cabantous; Gond, 2011), que nos alerta que modelos econômicos não funcionam, necessariamente, porque são bons, mas porque há um processo de aculturamento das pessoas e instituições para que as coisas funcionem como o modelo. No caso em discussão aqui, é performatividade da moral estabelecida no campo da Administração.

CAMINHOS PARA A ADMINISTRAÇÃO RESPONSÁVEL

O meu objetivo neste livro foi compreender quais as bases morais da Administração como prática social. Problematizar que a noção de eficiência que norteia a prática da Administração foi construída historicamente com base em valores que a consolidaram como a base moral do campo desnaturaliza o fazer administrativo, revelando que as noções de técnica e racionalidade, que sustentam a noção de eficiência, não são neutras e estão sujeitas a projetos ideológicos e políticos orientados por uma moralidade. Tal entendimento traz duas consequências. A primeira é compreender que a Administração como um fazer autônomo e independente cai por terra. A segunda é que abre espaço para repensar a Administração sob outras bases que não tenham a maximização do lucro como um fim, em razão da incompatibilidade dessa valoração da maximização do lucro de viés individualista diante dos outros valores que existem nas noções de sustentabilidade e responsabilidade manifestadas na sociedade por meio de ideias como os ODS da ONU ou mesmo da agenda ESG, que demandam uma postura coletivista de pensar o lucro.

Como consequência, está aberto o espaço para avançar no entendimento de quem a Administração como prática contemporânea está a serviço e de que maneira esses atores colaboram para a sustentação da moral vigente e sob quais justificativas. Há ainda espaço para refletir sobre a necessidade de pensar sobre os valores que sustentam a base moral atual da Administração. Isso significa, na prática, repensar a ontologia da noção de eficiência ou mesmo substituí-la por outra que possa formar uma nova base moral da Administração, que possibilite a existência concreta de uma Administração responsável de viés coletivista. Portanto, trata-se de reconhecer que uma pretensa harmonia entre maximização de lucros, sustentabilidade e responsabilidade não é viável, de modo que ou a sociedade escolhe manter a moralidade atual, ou troca por outra que realmente atenda os anseios postos atualmente como socialmente importantes.

Diante da situação apresentada, fica evidente que a Administração como prática social está inserida em contextos de conflitos de interesse, o que inviabiliza um projeto de valores universais e a própria noção de ultraindividualismo, por estarem sempre sendo questionados devido às desigualdades que produzem. Nesse sentido, é preciso reconhecer que a Administração faz parte da política e está subordinada a projetos ideológicos que disputam espaço para se consolidarem como norteadores dos valores, da moral e das ações que constituem a Administração como prática social.

Ao me propor a fazer uma Sociologia da Administração, estou buscando contribuir para ampliar e refinar a reflexão sobre como a Administração pode, efetivamente, auxiliar no enfrentamento dos grandes desafios societais globais que estão relacionados, por exemplo, às questões climáticas, à desigualdade, à pobreza, à fome, entre outros. Particularmente, sinto grande incômodo quando vejo nos noticiários e nos discursos neoliberais que não devemos pensar na pobreza, mas na riqueza, porque ela é que é capaz de acabar com a pobreza, ou mesmo quando fingem não ver que há uma contradição entre dizer que os recursos são escassos e, ao mesmo tempo, defender a acumulação de capital nas mãos de poucas pessoas porque elas tiveram "mérito" para isso. Ora, se os recursos são escassos, qual é a lógica de concentrá-los nas mãos de alguns poucos? Se é a riqueza que acaba com a pobreza, por que ainda temos tantos pobres no mundo mesmo após séculos de capitalismo? Qual é a conta que mostra quantos outros séculos serão necessários para que ninguém seja mais pobre? Será que haverá tempo e recursos naturais disponíveis para um nível de crescimento que seja capaz de vencer a pobreza no mundo? Não seria a ideia de crescimento econômico uma incoerência diante de um contexto de recursos escassos e mudanças climáticas que comprometem a vida humana na Terra?

Ao mesmo tempo, eu acredito que é possível fazer uma Administração diferente, capaz de somar esforços na direção de um planeta mais sustentável e sociedades mais justas. Isso porque a

Administração tem um conhecimento acumulado que é importante para encontrarmos caminhos para organizar processos, controlar e evitar desperdícios, administrar recursos financeiros e propor soluções diversas que envolvam planejamento e organização. Esse conhecimento não deve ser descartado, mas utilizado sob as bases morais que estejam em real alinhamento com os problemas societais e não fique restrito a servir interesses particulares que inviabilizam uma vida social mais justa ou mesmo a própria vida no planeta. É essa a Administração responsável que vislumbro como prática social. Apenas para não deixar dúvidas, eu não estou defendendo um modelo socialista ou mesmo comunista de sociedade. A minha defesa é que os reais interesses de pessoas e organizações sejam explicitados e justificados na sociedade, de modo que as tensões criadas possam mostrar quais projetos estão em disputa e quais deles podem atender as necessidades dos que mais precisam. Individualismos, ao contrário do que durante séculos muitos liberais pregaram, não levam à prosperidade, mas ao esgarçamento do tecido social e à piora das condições de vida para a maior parte dos humanos e não humanos que vivem no planeta e nas sociedades.

REFERÊNCIAS

ABEND, G. **The moral background**: an inquiry into the history of business ethics. New Jersey: Princeton University Press, 2014.

ADLER, P. S. Introduction: a social science which forget its founders is lost. *In:* ADLER, P. S. (ed.). **The Orford Handbook of Sociology and Organization Studies**. Oxford: Oxford University Press, 2009. p. 3-19.

ALEXANDER, J. K. **The mantra of efficiency**: From waterwheel to social control. Baltimore: Johns Hopkins University Press, 2008.

ALVESSON, M.; WILLMOTT, H. (ed.). **Critical management studies**. London: Sage, 1992.

ANGELO, B. Dieselgate: tudo sobre a fraude das emissões em carros a diesel. **Autopapo**, 29 set. 2017. Disponível em: https://autopapo.uol.com.br/noticia/dieselgate-tudo-precisa-saber-fraude-volkswagen/. Acesso em: 5 nov. 2022.

BENJAMIN, S. J.; BISWAS, P. K. Does winning a CSR Award increase firm value? **Int J Discl Gov**, [s. l.], v. 19, p. 313-329, 2022.

BERTERO, C. O. Algumas observações sobre a obra de G. Elton Mayo. **Revista de Administração de Empresas**, São Paulo, v. 8, n. 27, p. 73-95, 1968.

BISPO, M. de S. Estudos Baseados em Prática: Conceitos, História e Perspectivas. **Revista Interdisciplinar de Gestão Social – RIGS**, Salvador, v. 2, n. 1, p. 13-33, 2013.

BISPO, M. de S. Responsible managing as educational practice. **Organization Management Journal**, [s. l.], v. 19, n. 4, p. 155-166, 2022a.

BISPO, M. de S. Em defesa da teoria e da contribuição teórica original em Administração. **Revista de Administração Contemporânea**, [s. l.], v. 26, n. 6, p. 1-7, 2022.

BLASCO, M. Aligning the Hidden Curriculum of Management Education With PRME: An Inquiry-Based Framework. **Journal of Management Education**, [s. l.], v. 36, n. 3, p. 364-388, 2012.

BOBBIO, N. **Liberalismo e democracia**. 3. ed. São Paulo: Brasiliense, 1990.

BOLZANI, I.; MARTINS, R. Caso 123 Milhas: entenda o que aconteceu e por que a empresa pediu recuperação judicial. **G1**, 29 ago. 2023. Disponível em: https://g1.globo.com/economia/noticia/2023/08/29/123-milhas-entra-com-pedido-de-recuperacao-judicial.ghtml. Acesso em: 29 mar. 2024.

BOUSLAH, K. et al. **J Bus Ethics**, [s. l.], v. 185, p. 1-31, 2022.

BRANICKI, L. et al. The Morality of "new" CEO Activism. **J Bus Ethics**, [s. l.], v. 170, p. 269-285, 2021.

BRESSER-PEREIRA, L. C. A democracia não está morrendo: foi o neoliberalismo que fracassou. **Lua Nova**, São Paulo, v. 111, p. 51-79, 2020.

BRITO, S. M.; FREIRE, A. T. F.; FREITAS, C. E. Sociologia da moral: temas e problemas. *In*: FAZZI, R. de C.; LIMA, J. A. (org.). **Campos das Ciências Sociais**: figuras do mosaico das pesquisas no Brasil e em Portugal. Petrópolis: Vozes, 2020. p. 481-496.

CABANTOUS, L.; GOND, J. P. Rational decision making as performative praxis: Explaining rationality's éternel retour. **Organization Science**, [s. l.], v. 22, n. 3, p. 573-586, 2011.

CALLON, M. **The law of the markets**. Oxford: Blackwell, 1998.

CHAUVIÈRE, M.; MICK, S. S. The French sociological critique of managerialism: themes and frameworks. **Critical Sociology**, [s. l.], v. 39, n. 1, p. 135-143, 2013.

CHOW, D. Y. L.; CALVARD, T. Constrained Morality in the Professional Work of Corporate Lawyers. **J Bus Ethics**, [s. l.], v. 170, p. 213-228, 2021.

CNC – Confederação Nacional do Comércio de Bens, Serviços e Turismo. **Pesquisa de Endividamento e Inadimplência do Consumidor (Peic) – janeiro de 2024**. *CNC*, 1 fev. 2024. Disponível em: https://portaldocomercio.org.br/publicacoes_posts/pesquisa-de-endividamento-e-inadimplencia-do-consumidor-peic-janeiro-de-2024/. Acesso em: 30 mar. 2024.

CORDEIRO, L. L. O significado de "relações humanas". **Revista de Administração de Empresas**, São Paulo, n. 1, v. 2, p. 13-25, 1961.

CUMMINGS, S. *et al.* **A new history of management**. Cambridge: Cambridge University Press, 2017.

DARDOT, P.; LAVAL, C. **A nova razão do mundo**: ensaio sobre a sociedade neoliberal. São Paulo: Editora Boitempo, 2016.

DE LOS REYES, G. The All-Stakeholders-Considered Case for Corporate Beneficence. **J Bus Ethics**, [s. l.], v. 188, p. 1-19, 2022.

DEMASI, R.; VOEGTLIN, C. When the Private and the Public Self Don't Align: The Role of Discrepant Moral Identity Dimensions in Processing Inconsistent CSR Information. **J Bus Ethics**, [s. l.], v. 187, p. 1-24, 2022.

DENEEN, P. J. **Por que o liberalismo fracassou?** Belo Horizonte: Editora Âyiné, 2020.

DIEESE – Departamento Intersindical de Estatísticas e Estudos Socioeconômicos. **Desempenho do bancos em 2022**. *DIEESE*, maio 2023. Disponível em: https://www.dieese.org.br/desempenhodosbancos/2023/desempenhoDosBancos2023.html. Acesso em: 28 mar. 2024.

DORADO, S. *et al.* Standing on the Shoulders of Giants: Leveraging Management Research on Grand Challenges. **Business & society**, [s. l.], v. 51, n. 5, p. 1242-1281, 2022.

EISSA, G.; LESTER, S.W. A Moral Disengagement Investigation of How and When Supervisor Psychological Entitlement Instigates Abusive Supervision. **J Bus Ethics**, [s. l.], v. 180, p. 675-694, 2022.

FARIA, J. H. Foi e não se sabe se volta: O sumiço progressivo da Teoria Original. **Revista de Administração Contemporânea**, [s. l.], v. 27, n. 1, p. 1-9, 2023.

FOURCADE, M.; HEALY, K. Moral Views of Market Society. **Annual Review of Sociology**, [s. l.], v. 33, p. 285-311, 2007.

FORRAY, J. M.; LEIGH, J. Special Issue: Principles of Responsible Management Education (PRME). **Journal of Management Education**, [s. l.], v. 34, n. 2, 327-328, 2010.

FREITAS, B. A. Crise financeira de 2008: você sabe o que aconteceu? **Politize**, 13 fev. 2020. Disponível em: https://www.politize.com.br/crise-financeira-de-2008/. Acesso em: 5 nov. 2022.

GANE, N. The emergence of neo-liberalism: Thinking through and beyond Michel Foucault's lectures on biopolitics. **Theory, Culture & Society**, [s. l.], v. 31, n. 4, p. 3-27, 2013.

GANE, N. Sociology and neoliberalism: A missing history. **Sociology**, [s. l.], v. 47, n. 1, p. 1-15, 2014.

GANEM, A. O mercado como ordem social em Adam Smith, Walras e Hayek. **Economia e Sociedade**, Campinas, v. 21, n. 1, p. 143-164, 2012.

GEORGE, G. *et al.* Understanding and Tackling Societal Grand Challenges through Management Research. **Academy of Management Journal**, [s. l.], v. 59, n. 6, p. 1880-1895, 2016.

GHERARDI, S. A Posthumanist Epistemology of Practice. *In:* NEESHAM, C. (ed.). **Handbook of Philosophy of Management**. Switzerland: Springer, 2021. p. 1-22.

GHERARDI, S. **How to Conduct a Practice-Based Research:** Problems and Methods. 2. ed. Cheltenham: Edward Elgar, 2019.

GHERARDI, S.; LAASCH, O. Responsible Management-as-Practice: Mobilizing a Posthumanist Approach. **J Bus Ethics**, [s. l.], v. 181, p. 269-281, 2021.

GHOSHAL, S. Bad management theories are destroying good management practices. **Academy of Management Learning and Education**, [s. l.], v. 4, p. 75-91, 2005.

HANLON, G. The First Neo-Liberal Science: Management and Neo-Liberalism. **Sociology**, [s. l.], v. 52, n. 2, p. 298-315, 2018.

HATCHUEL, A.; SEGRESTIN, B. A century old and still visionary: Fayol's innovative theory of management. **European Management Review**, [s. l.], v. 16, p. 399-412, 2019.

HAYEK, F. A. **Individualism and Economic Order**. London: Chicago University Press, 1948.

HEINICH, N. A Pragmatic Redefinition of Value(s): Toward a General Model of Valuation. **Theory, Culture & Society**, [s. l.], v. 37, n. 5, p. 75-94, 2020.

HIBBERT P.; CUNLIFFE A. Responsible management: Engaging moral reflexive practice through threshold concepts. **J Bus Ethics**, [s. l.], v. 127, n. 1, p. 177-188, 2015.

HITLIN, S.; VAISEY, S. Back to the Future Reviving the Sociology of Morality. *In:* HITLIN, S.; VAISEY, S. (ed.). **Handbook of the sociology of morality**. New York: Springer, 2010. p. 3-14.

HITLIN, S. Os Contornos e o Entorno da Nova Sociologia da Moral. **Sociologias**, Porto Alegre, v. 17, n. 39, p. 26-58, 2015.

HORA, L. Capitalismo como prática social? Os potenciais e desafios de uma aproximação entre o practice turn em teoria social e a interpretação do capitalismo. **Trans/Form/Ação**, Marília, v. 43, n. 3, p. 277-302, 2020.

JAEGGI, R. Um conceito amplo de economia. **Civitas**, Porto Alegre, v. 18, n. 3, p. 503-522, 2018.

KIRZNER, I. M. **Competition and Entrepreneurship**. Chicago: University of Chicago Press, 1973.

KLIKAUER, T. What Is Managerialism? **Critical Sociology**, [s. l.], v. 41, n. 7-8, p. 1103-1119, 2015.

LAASCH, O. *et al.* (ed.). **Research Handbook of Responsible Management**. Cheltenham: Edward Elgar Publishing, 2020a.

LAASCH, O. *et al.* Mapping the emerging field of responsible management: domains, spheres, themes, and future research. *In*: LAASCH, O. *et al.* (ed.). **Research Handbook of Responsible Management**. Cheltenham: Edward Elgar Publishing, 2020b. p. 2-38.

LOCKE, E. A. The Ideas of Frederick W. Taylor: An Evaluation. **The Academy of Management Review**, [*s. l.*], v. 7, n. 1, p. 14-24, 1982.

LOCKE, R. R.; SPENDER, J. C. **Confronting Managerialism**: How the Business Elite and Their Schools Threw Our Lives out of Balance. London: Zed Books, 2011.

MELO, L.; GERBELLI, L. G. 1 ano após a tragédia de Brumadinho, Vale recupera valor de mercado e volta a ver lucro. **Portal G1**, 25 jan. 2020. Disponível em: https://g1.globo.com/economia/noticia/2020/01/25/1-ano-apos-a-tragedia-de-brumadinho-vale-recupera-valor-de-mercado-e-volta-a-ver-lucro.ghtml. Acesso em: 5 nov. 2022.

MERQUIOR, J. G. **O Liberalismo**: antigo e moderno. 3. ed. São Paulo: É realizações, 2014.

MOUFFE, C. Por um modelo agonístico de democracia. **Rev. Sociol. Polít.**, Curitiba, v. 25, p. 11-23, 2005.

NICOLINI, D. **Practice Theory, Work, & Organization**: an introduction. Oxford: Oxford University Press, 2013.

NONET, G.; KASSEL, K.; MEIJS, L. Understanding Responsible Management: Emerging Themes and Variations from European Business School Programs. **J Bus Ethics**, [*s. l.*], n. 139, p. 717-736, 2016.

PANCINI, L. Tesla: Órgão americano investiga 23 acidentes envolvendo piloto automático. **Exame**, 23 mar. 2021. Disponível em: https://exame.com/tecnologia/tesla-orgao-americano-investiga-23-acidentes-envolvendo-piloto-automatico/. Acesso em: 5 nov. 2022.

PARKER, M. **Against Management:** Organization in the age of managerialism. Malden: Blackwell Publishers Inc, 2002.

PITKIN, H. F. Representação: palavras, instituições e ideias. **Lua Nova**, São Paulo, v. 67, p. 15-47, 2006.

POLANYI, K. **A grande Transformação:** as origens de nossa época. Rio de Janeiro: Campus, 1980.

PRYOR, M. G.; TANEJA, S. Henri Fayol, practitioner and theoretician – revered and reviled. **Journal of Management History**, [s. l.], v. 16, n. 4, p. 489-503, 2010.

RAMOS, A. G. **Administração e contexto brasileiro**. 2 ed. Rio de Janeiro: Editora Fundação Getúlio Vargas, 1983.

RASCH, A.; GILBERT, D. U. Decoupling Responsible Management Education: Why Business Schools May Not Walk Their Talk. **Journal of Management Inquiry**, [s. l.], v. 24, n. 3, p. 239-252, 2015.

RAWLS, A. W. Social Order as Moral Order. *In:* HITLIN, S.; VAISEY, S. (ed.). **Handbook of the sociology of morality**. New York: Springer, 2010. p. 95-122.

RECKWITZ, A. Toward a Theory of Social Practices. **European Journal of Social Theory**, [s. l.], v. 5, n. 2, p. 243-263, 2002.

RHODES, C.; FLEMING, P. Forget political corporate social responsibility. **Organization**, [s. l.], v. 27, n. 6, p. 943-951, 2020.

ROBBINS, J. Onde no mundo estão os valores? Exemplaridade, Moralidade e Processo Social. **Sociologias**, Porto Alegre, v. 17, n. 39, p. 164-196, 2015.

RODRIGUES, J. The Political and Moral Economies of Neoliberalism: Mises and Hayek. **Cambridge Journal of Economics**, [s. l.], v. 37, p. 1001-1017, 2013.

RÖEPKE, W. **The Social Crisis of Our Time**. New Brunswick: Transaction Publishers, 1992.

SCHEUERMAN, W.E.The unholy alliance of Carl Schmitt and Friedrich A. Hayek. **Constellations**, [s. l.], v. 4, n. 2, p. 172-188, 1997.

ROSATI, M.; WEISS, R. Tradição e autenticidade em um mundo pós-convencional: uma leitura durkheimiana. **Sociologias**, Porto Alegre, v. 17, n. 39, p. 110-162, 2015.

SCHATZKI, T. R. **Social practices:** a wittgensteinian approach to human activity and the social. Cambridge: Cambridge University Press, 1996.

SCHATZKI, T. R. Introduction: Practice theory. *In*: SCHATZKI, T. R. *et al.* (ed.). **The Practice Turn in Contemporary Theory**. New York: Routledge, 2001. p. 1-14.

SCHATZKI, T. R. A primer on practices: theory and research. *In:* HIGGS, J. *et al.* (ed.). **Practice-based education:** Perspectives and strategies. Rotterdam: Sense Publishers, 2012. p. 13-26.

SCHUMPETER, J. **Capitalismo, socialismo e democracia**. Rio de Janeiro: Fundo de Cultura, 1961.

SERVA, M. A racionalidade substantiva demonstrada na prática administrativa. **Revista de Administração de Empresas**, São Paulo, v. 37, n. 2, p. 18-30, 1997.

SHATIL, S. Managerialism – a social order on the rise. **Critical Sociology**, [*s. l.*], v. 46, n. 7-8, p. 1189-1206, 2020.

SHADNAM, M.; BYKOV, A.; PRASAD, A. Opening Constructive Dialogues Between Business Ethics Research and the Sociology of Morality: Introduction to the Thematic Symposium. **J Bus Ethics**, [*s. l.*], v. 170, p. 201-211, 2021.

SHOVE, E.; PANTZAR, M.; WATSON, M. **The Dynamics of Social Practice**: Everyday Life and How it Changes. Thousand Oaks: Sage Publications, 2012.

SPILLANE, R.; JOULLIÉ, J.E. The decline of authority and the rise of managerialism. **Organization**, [*s. l.*], v. 30, n. 5, 2021.

SURDU, I. Why big firms are rarely toppled by corporate scandals – new research. **The Conversation**, 10 mar. 2022. Disponível em: https://

theconversation.com/why-big-firms-are-rarely-toppled-by-corporate-scandals-new-research-176270. Acesso em: 2 nov. 2022.

TENÓRIO, F. A unidade dos contrários: fordismo e pós-fordismo. **Rev. Adm. Pública**, v. 45, n. 4, p. 1141-1172, 2011.

THRIFT, N. **Knowing capitalism**. London: Sage, 2005.

TOWNLEY, B. Managing with modernity. **Organization**, [s. l.], v. 9, n. 4, p. 549-573, 2002.

TRATENBERG, M. **Burocracia e ideologia**. São Paulo: Editora Unesp, 2006.

TREVIZAN, K. Com crise perto de completar 1 ano, Americanas ainda vive descrença no mercado. **InvestNews**, 8 jan. 2024. Disponível em: https://investnews.com.br/negocios/com-crise-perto-de-completar-1-ano-americanas-ainda-vive-descrenca-no-mercado/. Acesso em: 29 mar. 2024.

VANDEMBERGHE, F. A Sociologia como uma Filosofia Prática e Moral (e vice-versa). **Sociologias**, Porto Alegre, v. 17, n. 39, p. 60-109, 2015.

VON MISES, L. **Human Action**: A Treatise on Economics. Indianapolis: Liberty Fund., 1996.

WALKER, M. U. **Moral understandings**: A feminist study in ethics. 2. ed. Oxford: University Press, 2007.

WALKER, M. U. Morality in practice: A response to Claudia Card and Lorraine Code. **Hypatia**, [s. l.], v. 17, n. 1, 174-182, 2002.